英語
ライティングの
指導

基礎から
エッセイライティングへの
ステップ

山下美朋 [編著]
河野 円・長倉 若・峰松愛子・山岡憲史・山中 司 [著]

SANSHUSHA

付録 PDF「これだけは授業で行いたいタスク Best 3」のご案内

本書に掲載している 4 つのタイプ（「叙述文」「描写文」「説明文」「意見文・論証文」）のライティングを指導する際に使用できるハンドアウト、指導手順をご用意しました。三修社ホームページにて PDF データを提供していますので、ご利用ください。

URL　**https://www.sanshusha.co.jp/np/isbn/9784384060584/**

本書の詳細画面の下部にある「お知らせ／関連情報・記事」コーナーのリンクよりダウンロードください（パスワードは **06sS05y8**）。

はじめに

現在、グローバルな教育・研究環境において、英文ライティング力の向上が差し迫った課題となっています。文部科学省によれば、英語で書かれた日本の研究論文の出版数が、ここ十年横ばいだと報告されているからです。台頭しているのは他のアジア諸国です。どのような素晴らしい研究でも英語で書いて発信する力がなければ、世界の人々の目に触れることはありません。

2018 年（平成 30 年）に改訂された高等学校学習指導要領が、2022 年度には全面的に施行されました。この指導要領では、ライティングをスピーキングと並ぶ英語の発信力と捉え、論理的に思考し、書く力を醸成することを目標としています。そのために、科目群が一新され、「英語表現」は「論理・表現」となり、書く前段階から最終稿までフィードバックを経て何度も書き直すプロセス・ライティングが導入されています。生徒に評価項目を提示し、適切なフィードバックを与え、自律的・主体的に書こうとする生徒の意欲を高める指導が要求されているのです。

本書は、英語ライティングを一から指導したいとお考えの中学校や高校の先生方、これまでに指導はしてきたけれども、もっと効果的な指導があるのではないかと問題意識をお持ちの高校や大学の先生方、これから英語教員になることを目指す大学生・大学院生のために、ライティング指導の指南書となるものを目指して書きました。執筆に携わったのは、教員を目指す大学生に対して、自身の高校現場での豊富な指導経験をもとに指導を続けてきた教員、大学でアカデミック・ライティングの指導をしている教員、海外の研究教育機関で論理的に思考することを研究している研究者など、様々な背景を持つメンバーです。筆者らは、科学研究費の助成を受け 2020 年度から 2022 年度にかけて高校の英語教員と協働してライティング指導を考え、高校の先生方に実践していただき、その指導効果を検証する研究を行ってきました。そのプロジェクトの概要は以下のとおりです。

2020 年度～ 2022 年度
基盤研究 (C)
「高大連携の英語ライティング指導体制の構築―高大の教員が協働で行う指導書作成と研修」（研究課題番号 20K00764）
研究代表者　山下美朋（立命館大学）

この研究では、全国の高校の先生方と一緒にライティング指導方法を考え、現場で実践していただくという機会を得ました。ご協力いただいた関係者の皆様には、この場をお借りして厚くお礼申し上げます。その際に、高校の先生方から実際の授業運営のアイデアや高校を取り巻く環境について多くを学んだと同時に、今後の課題も見えてきました。そのうちの1つが、実践的ライティング指導の手引書がないことです。幸い、科研費の補助を得て、2年間の実践研究から得た知見と、これまで行ってきた研究成果をまとめて本著を刊行することとなりました。今後のライティング指導実践に役立てていただければ幸いです。

編著者　山下美朋

著者　河野 円、長倉 若、峰松愛子、山岡憲史、山中 司（50音順）

本書の特徴

1　理論に基づく指導と豊富な実践例

ライティングについては、今日まで、様々な理論に基づいた指導法の研究がなされてきました。本書ではまずライティング理論の説明から入り、それらを根拠としたライティング指導の実践を紹介するという流れで構成されています。短時間で行えるタスクから、じっくり時間をかけて取り組むタスクまで授業の実践例を豊富に揃えました。すぐ明日の授業で取り組めるアイデア満載です。

2　パラグラフ以前の指導からエッセイまで

ライティング指導は、文法がしっかり身についていない段階では始められないというわけではありません。本書では、数行から始め、パラグラフ、そしてエッセイと段階的に指導する方法を紹介しています。基礎的な表現の例も紹介していますので、生徒が「書き慣れる」ことを目指してそれらを参考にしてください。

3　ジャンルとパラグラフ・タイプに基づくライティング指導

ジャンルとは、「英文は、そのコミュニケーションの目的ごとに、論理構成や使用される語彙・表現がある」とした考え方で、海外の教育現場では広く取り入れられている考え方です。本書では、このジャンルの考え方を取り入れながら、新指導要領に記載されている「叙述文（Narrative）」「描写文（Descriptive）」「説明文（Expository）」「意見文・論証文（Opinion/Argumentative）」の4つのタイプのライティングに習熟できることを目標としています。それぞれのタイプの典型的な「型」と授業での具体的な指導法や活動例を紹介し、文部科学省検定教科書と紐付けたタスクや指導法についても解説しています。

4　他の言語活動につながるライティング指導

学習指導要領では、発信力を高める言語活動を重要視しています。ライティング活動の根幹となる思考力や論理展開力は他の技能（リーディング・リスニング・スピーキング）にも必要な力を育てます。本書では教科書のリーディングの内容を要約する活動や、ライティングからスピーキングに展開できる活動を提案しています。具体的には、説明文からプレゼンテーション、意見文からディスカッション、論証文からディベートにつなげる活動を紹介します。これらはすべて、新課目「論理・表現」の発話活動として重視されている活動です。ライティング活動を通じて満遍なく4技能を伸ばす指導を目指してください。

本書の構成

本書は、まず第1部で英語ライティング指導の背景と基本となる概念について説明します。1項で、本研究に至った経緯やライティング指導の必要性を述べ、2項では実際の指導のバックボーンとなる、パラグラフやプロセス・ライティングの理論を解説します。3項では、パラグラフ以前の、初歩的な英文の指導法について例を示しながら説明します。中学校の復習から高校1年生の学習を想定していますが、文の構造を教える際の参考になります。4項では、実際の検定教科書を用いながらどのようにライティング指導を展開するかを紹介しています。

続いて第2部ではライティング指導をさらに発展させていくノウハウを示しています。1項では年間指導計画の中でライティング指導を取り入れる方法について提案し、2項では叙述文、描写文、説明文、意見文・論証文という英文タイプ別の指導案を紹介します。センテンス、パラグラフ、そしてエッセイへの展開例を示しています。三修社ホームページ（下記）では、実践例が豊富に紹介されていますのでそちらも参照ください。3項では、ライティング活動と関連付けた、ディスカッション、ディベートなどの発信する英語に結びつける方法を扱います。4項では、ライティング活動におけるフィードバックの与え方と評価方法について提案しています。生徒同士が行うフィードバックや教員からの効果的なコメントの与え方にも言及しました。

そして補章として、ライティングを教えている教員が声を揃えて無視できない問題だとしている機械翻訳ツールをどう扱うか、についても議論しています。

本書を手にとってくださった方々がライティング授業をしてみようと思えるように、明日の授業が楽《らく》に楽しくなるようにと願っています。そして授業後に、「いや、もっとこうした方がよいのでは？」と新たな議論が巻き起こることを期待しています。

付録 PDF「これだけは授業で行いたいタスク Best 3」のご案内

URL　**https://www.sanshusha.co.jp/np/isbn/9784384060584/**

本書の詳細画面の下部にある「お知らせ／関連情報・記事」コーナーのリンクよりダウンロードください（パスワードは **06sS05y8**）。

目　次

第2部　具体的な指導案

第１部

ライティング理論と指導ポイント

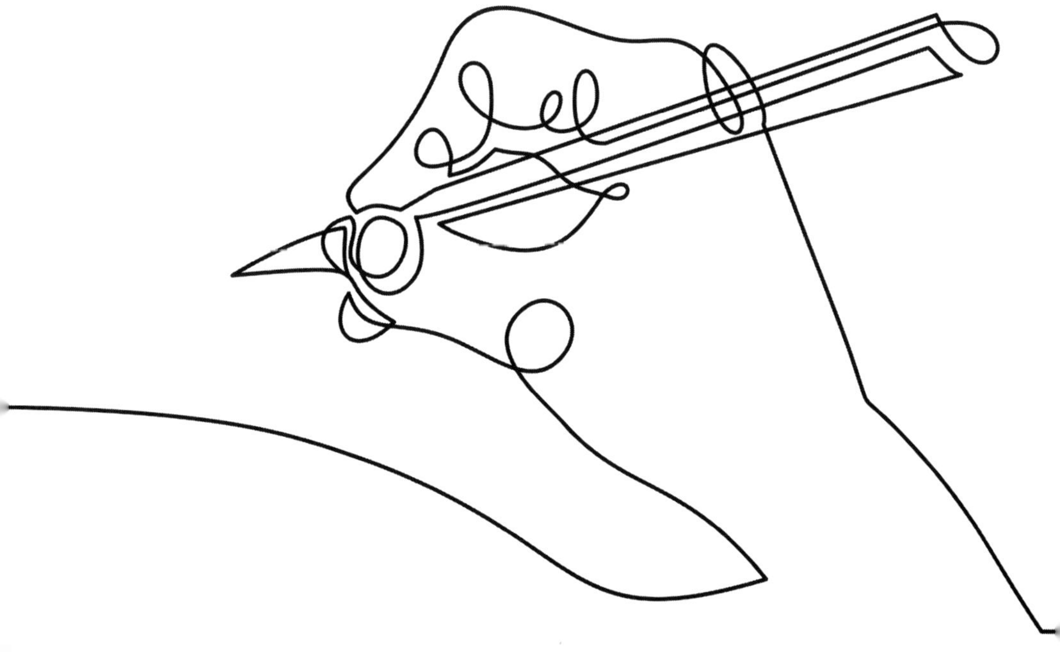

1　ライティング指導の背景と指導ポイント

1.1　なぜ今、ライティング指導が必要なのか

本書をお読みの方は、ライティング指導に強い関心をお持ちだと思いますが、これまで日本の英語教育では、ライティングは英語4技能の中ではあまり重要視されてこなかったのではないでしょうか。私たちが高大連携のライティング指導に関心を持ったきっかけとなった「英語ライティングの経験に関するアンケート調査」の結果をご覧ください（図1)。これは2019年度に筆者らが関西の某私立大学の1～2年生170名に対して行った調査です（山岡，2019［1]）。高校でパラグラフ・ライティングの経験があったかという質問に対する結果で、驚くことに「まったくなかった」が24.1%、「年に1回程度」が16.5%、「年に2～3回程度」は12.9%とパラグラフ単位の英文を書いた経験がかなり少ないことが分かりました。また、年に1回でも書いたことのある学生に対してどのような指導を受けたかを尋ねたところ、「何の指導もなく、ただテーマについて『書きなさい』と指示された」という回答が35.3%もありました。

図1：高校での英作文の経験（2019年7月，私立大学生命科学部・薬学部170名回答）

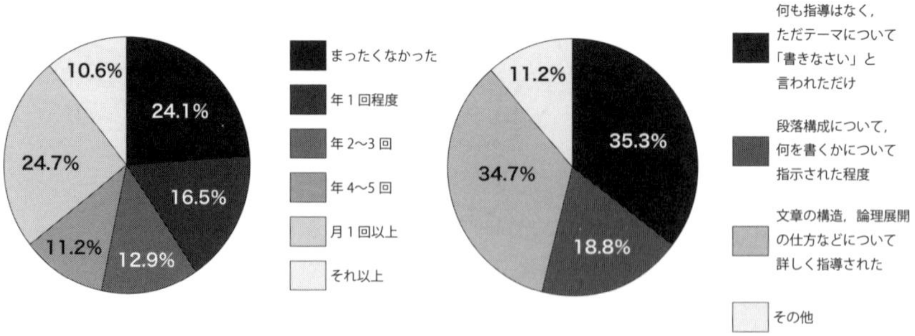

筆者らが大学で英語で書く指導をすると、話し言葉で書かれたスピーチの原稿をそのまま貼り付けてくる学生や、パラグラフの概念が欠落した英文を提出してくる学生がいます。調査の結果からも明らかなように、大学入試以前にアカデミック・ライティングの指導が十分になされていなかったのではと感じています。では、な

ぜライティングの指導はあまりされてこなかったのでしょうか。高校英語教員50名に対して行ったアンケート調査（山下・長倉，2021［2］）によると、「クラスサイズが大きくて指導が困難」、「ライティングは指導に時間がかかる（特に添削）」、「評価とフィードバックの指導が確立されていない」といった大人数でのライティング活動や指導の難しさが挙げられていました。また、「入試問題にないため、他の指導を優先せざるを得ない」や「外部試験の対策として行うのみ」など、大学入試に必要な知識の獲得や受験技術を優先し、指導をする場合でも資格試験の対象として教えている現状がうかがえました。これまでの学習指導要領では4技能をバランスよく教育することを掲げてきましたが、実際にはコミュニカティブ・スキルを伸ばすためのリスニング、スピーキング、そして入試に必須の文法やリーディングを重視せざるを得ないといった現状があるようです。

最初から少々耳の痛いお話をさせてもらいましたが、英文ライティングの指導はこのように多くの問題を抱えているようです。しかし、2018年の**高等学校学習指導要領**の改訂で、昨今、ライティングは急に注目を浴びるようになりました。この改訂では、アカデミック・ライティングの指導方法が明確にかつ具体的に示されています。まず、「英語コミュニケーションⅠ・Ⅱ・Ⅲ」ではパラグラフからエッセイに至る段階的な活動を、構想から推敲に至るプロセスを追って指導するようにと明記されています。また、新科目群「論理・表現Ⅰ・Ⅱ・Ⅲ」が導入され、ディベートと並んで論理的な構成や展開を意識したライティング活動に重点が置かれています。既に、日々奮闘している先生もいらっしゃるのではないでしょうか。これらの変更に伴い、近い将来には大学入試制度改革の議論が必ず再開することでしょう。民間試験の導入が一時提案され、その後の進展はありませんが、今後何らかの形でライティングを含む4技能の能力を測る試験が導入されることは必須で、これにより今後のライティング教育は重視されていくはずです。

私たちは、高校から大学につながる英語ライティングの指導の必要性を感じ、2020年度から全国各地の高等学校の先生方にご協力いただき、授業実践研究を行ってきました。この試みは、現場の先生と私たち大学教員が一緒に指導計画を立て、授業を実践し、その効果を検証しようとするものでした。授業の効果は、主に生徒、そして先生へのアンケートから検証し、授業で使用したハンドアウトを蓄積して、実施方法、検証結果を多くの先生方と共有することにしました。実践では、「自分が大事にしている物を描写する」文章や、「SNSの是非を問う意見文」など、先生が生徒たちに書かせてみたいと思う内容に挑戦しました。この実践研究を通して、**私たちは「ライティングを教えないなんてもったいない！」と強く感じたのです**。ある高等学校では、1パラグラフ程度の課題を書いた経験がある生徒たちを対象に、「SDGsのトピックを扱った意見文」を書くことに数時間にわたりじっくり取り組みました（授業の詳細は、山下・藤岡・山中, 2021［3］参照）。初稿で私たち教員がフィードバックを個々にしたところ、生徒から「もっと良いものにしたい」との声があがり、最終稿まで二度も書き直しをする生徒まで出てきたのです。結局、彼らは、当初の予定の倍の時間をかけて、問題解決型のエッセイを書き上げました。この1回きりの指導で文法のエラーが減るなどの効果は見られなかったものの、なにより力説したいのは、全員が300ワード近いエッセイを書き、**「英語で書くことに自信を持つ」**ことができたということです。以下は生徒アンケートの一部です（原文のまま）。

- 普段はライティングの課題を出しても返ってきて終わりというような感じだったので今回何回も書き直したり、ここまで具体的なアドバイスをいただけたのは初めてだったので最終稿まで書き終えたときは達成感がありましたし、自分のライティング能力が上がった気がしました。
- 今までは、エッセイを書いてもアドバイスをいただくことしかなかったけれど、それをもとに書き直すことで、自分のできていないことが明確になると学びました。また、自分のエッセイを褒めていただいたことで、自分の英語力に自信を持つことができたし、更にレベルアップしたエッセイを書きたいと思うようになりました。

この授業では、プロセス・ライティング（後述）の中でも「フィードバック」と「書き直し」に力を入れた指導を行ったので、1パラグラフしか書いたことのない生徒にとっては難しい課題だったはずです。しかし、私たちはあえてそれに挑戦させ、生徒に書き直しをさせる過程で、より深く自分の課題に向き合う時間を与え、納得できるまで書かせました。彼らにとって、最後まで書けたことは成功体験となり、どの生徒も「他のエッセイも書いてみたい！」と意欲的でした。この実践からも明らかなように、**私たちは生徒に、書くことで課題にじっくり向き合って“考える体験”を持ってほしいと思っています**。限られた授業時間で教えなければならないことは山ほどあります。しかし、先ほどの教員アンケートにあったように、「ライティングは時間がかかるからしていない」というのは、本当にもったいないことなのです。ライティングは時間がかかるからこそ、何ができて（書けて）何ができないのか（書けないのか）そして自分は何を書こうとしているのか、などについて自分と対話する時間を与えるのです。それが、生徒たちの成長を促します。**ライティングは書いたものを評価するのではなく、更に良い書き手になっていく過程を評価するものなのです**。本書では、数センテンスからでも始められるタスクや、数時間かけて行うタスクまで幅広い実践を用意しました。1年に一度だけでもアウトラインから最終稿までの手順を踏んだ指導を取り入れてみてください。そして、よく書けた生徒は褒めてあげてください。手間暇かかるからこそ、よくできた「作品」は評価してあげたいものです。

筆者の大学では、日本語のライティング指導も含め、パラグラフから英文を書く指導を大学1年生に対して行いますが、理系の学部などでは3年生以上になると研究をまとめた要旨を英文で書く機会が増えてきます。その時点までにしっかりとした論理構成の英文が書けるようになるためには、適切な指導と相当の訓練が必要になりますが、基礎教育期間だけでは足りないのが現状です。きちんとした英文が書けないまま日本語要旨だけを書いて卒業してしまう学生が多い現状を見るにつけ、グローバルに活躍できる学生を育てるためにも、大学入学以前からの継続的な英語のアカデミック・ライティングの指導が必要だと痛感しています。日本人の論文の出版数がここ十年間横ばい状態であり、一方で中国や韓国の優秀な研究者が台頭してきているという報告（文部科学省, 2022［4］）もあります。日本の教育力を上げ、世界に研究成果を発信していくためにも生徒の書く力を伸ばすことは急務です。

1.2「書かせる指導」の大切さ：第二言語習得理論から

では、少々難しい話になるかもしれませんが、外国語で「書く」という活動がもたらす効果を、第二言語習得の観点からご紹介したいと思います。

皆さんの中には、クラッシェンの「**インプット仮説**」(Krashen, 1982［5］）やスウェインの「**アウトプット仮説**」(Swain, 1985［6］）をご存知の方もいるかと思いますが、第二言語習得においてはたいへん重要な理論だといわれています。特に、後者のスウェインの「アウトプット仮説」では、言語に関する知識を習得し、それをアウトプット（発話など）し、コミュニケーションの相手に通じるか通じないか「仮説検証」を繰り返すことで言語習得は起こるといわれています。とりわけ、この仮説検証を経て「これは間違いだからこう言うんだな」「このように書けば読者に伝わるな」などと学習者が「気付く」ことが大事で、その「気付き」がインプットとなって定着につながるのです。つまり、文法や語彙などのインプットが与えられて、学習者がそれを理解したとしても、理解のレベルで終わっているままでは真の言語習得は起こらないということです。ライティング活動は、以下の理由から言語習得を促すといわれています。

1）言語に関する「気付き」が促進される

英語を書くことで、その言語の仕組みやルール（例：大文字・小文字の区別、句読法など）、また母語である日本語との違い（例：単数・複数、人称による動詞の変化、名詞に冠詞が伴うことなど）に気付きます。知識として知ってはいても、書いてみると自分が言いたいことが十分に表現できないと気付かされることになり、学習が促進されます。書いて理解できたことは定着するのです。

2）書くことを通じて「仮説検証」する機会が持て、言語習得が促進される

書くことで、文法や語彙の仮説を検証することができます。例えば、生徒は dish の複数形を dishs と書いて、誤りに気が付くことがあります。教員や友達に指摘されて間違いに気が付くこともあるでしょう。別の視点で見ると、この仮説検証を通じて「**メタ言語能力**」が高まり（dish のような場合の複数形は -es をつけるのだなといったルールを認識する）、言語習得が促されます。即時の応答が期待されるスピーキングではこのような検証の時間はありません。書く活動は、時間をかけて取り組むからこそ検証する時間が与えられるのです。

3）書くプロセスは思考を深める

他の英語の技能と比べて、書く作業は最も時間がかかります。特にプロセス・ライティング（「2.2　プロセス・ライティング」p. 17 参照）の過程で、何度も書き直すことで書き手の思考が深まります。自分が書いたものを読み、読み手に効果的に伝わるように書けているかを何度も自問し修正することで、考える力、問題解決能力が付くとも言われています。

4）クリティカル・シンキングの力をつける

書くことで、自分の理解や言いたいことをどう論理的に表せばよいのかを考えることができます。英文には様々なタイプがありますが、なかでも意見文・論証文は自分の考えを論理的な型に沿って書く練習になります。英文をたくさん書くことで、自分や他人の考えを客観的に見る視点も養えます。2）でも書きましたが、これらは一瞬のアウトプットで消えてしまう発話活動では養われません。

第二言語習得理論から「書くこと」がいかに大切であるかご理解いただけると思います。教員としては、このようなライティングを教えることの意義を理解して指導にあたることが大事です。私たちが望むのは、中学校・高等学校そして大学に至る、段階を追ったライティング指導です。中学校、高等学校でパラグラフ・ライティングの指導と訓練を行い、大学入学後からアカデミックなエッセイや論文指導ができるような体制を築いていく必要があると考えています。そのためには、中・高・大それぞれの教員が連携し合い、ライティング教育はどうあるべきか考え実践していくべきであると考えています。

次項では、私たち著者がおさえておくべきと考えるライティング指導の基本事項について説明します。

2　私たちが考える「書かせる指導」の基本

2.1　ジャンル

本書の筆者らが、中学校・高等学校の授業に提案したいアイデアの1つに、**ジャンル**（**Genre**）に基づいた指導があります。大学ではよく聞かれるこのジャンルという概念とその指導のあり方については、長い間、第二言語習得の研究対象となってきました。ジャンルの概念には､いくつかある学派間で多少の違いはありますが､ここでは共通の概念を紹介したいと思います。「ジャンル」とは､あるコミュニケーションの目的を達成しようと産出される文章内には、それに特有の繰り返し現れる共通の論理構成や言語使用の型､パターンがあるとした考え（Feez, 1998［7］）です。簡単にいうと、料理のレシピも1つのジャンルです。レシピは、料理を作る人たちがすぐ作れるように、1文が短く、命令形で書かれています。ジャンルを提唱した研究者の1人として著名なジョン・スウェールズ（Swales, 2012［8］）は、文章には「目的」があり、「読み手」を理解させるための「内容」や「論理展開」、そしてそれにふさわしい｢表現や語彙｣が使用されるべきであると述べています｡例えば、科学論文も多くが、序論、方法、結果、考察といった定型的な型に沿って書かれていますが、論文の目的は序文に述べられ、その特徴的な表現としては The purpose of this study や How we show などがあります。これらの表現で述べられる目的は、序文の中で多くは背景情報の最後に書かれます。スウェールズの考え方はとても重要で、英文を書く時に意識させるべき大原則といってもよいでしょう。海外では、生徒はこのジャンルの型を生活の中でのコミュニケーションで体得していく環境にありますが、第二言語の環境ではそうはいきません。**授業で明示的に教えること**、少なくとも**文章には目的に沿った特徴的な書き方があることを生徒に意識させること**が大切です。

高校の英語ライティングでは、ジャンルをパラグラフ・タイプとして、それぞれの特徴を提示し、書き方を教えます。[1]　生徒に徹底させたいのは、以下の**4つの目的別パラグラフ・タイプ**、つまり①**「叙述文（Narrative）:物語のように起こったできごとを書く」**、②**「描写文（Descriptive）：物事や人物を描く」**、③**「説明文**

1　本書では、ジャンルをライティング指導の考え方に留め、本文中ではパラグラフ・タイプとしています。

(Expository)：状況に応じ筋道を立てて説明する」、④「意見文（Opinion）/ 論証文(Persuasive/Argumentative)：意見を述べる、説得する」です。「ジャンル＝コミュニケーションの目的に応じた書き方」という考え方をご存知でなくても、これら4つのパラグラフ・タイプは耳にしたことがあると思います。そしてこれまでも取り組んできたかもしれません。しかし、重要なのは、**与えられたトピックから、生徒がこれらのタイプを意識して書くことができるようになることなのです**。同じトピックでも、目的が異なればパラグラフ・タイプは異なります。例えば、「お母さん」というトピックでは、母親の見た目や性格を書く場合は「描写文」となり、母と出掛けた日のことを書けば「叙述文」、母親はこうあるべきといった意見を述べる場合は「意見文」になります。また、複数パラグラフとなると、タスクの目的に応じていくつかのパラグラフ・タイプが混在することもありえます 。論文が1つの良い例です。私たちは、大学院生に論文作成指導を行っていますが、論文には多様なパラグラフ・タイプが混在していると教えます。Introduction や Discussion のセクションは、先行研究と本研究の相違点を比較した Compare and Contrast（比較対照文）のパラグラフで構成されていますし、Results セクションは研究結果を客観的に記述する Expository（説明文）パラグラフです。このような構成や、どのような表現で論が展開しているのかを知ることは、書く時に、また読む時にも大きな助けとなります。

2.2 プロセス・ライティング

ジャンルを意識した指導において、もう1つ知っていてほしいことがあります。それは、**プロセス・ライティング**の考え方です。過去にライティングは「最終成果物だけを見て評価すればよい」といった考えが主流でしたが、今日では「書く過程こそ重視すべきだ」という考え方とその指導が定着しています。プロセス・ライティングは、① プレ・ライティングとして書く前にアイデアを練る（**brainstorming**）、② **アウトライン**を書く（outlining）、③ 初稿を書く（drafting / writing a draft）、④ **フィードバック**をもらう（gaining feedback）、⑤ 修正する（revising / reediting）の手順を踏むことです。まず、書く前に、内容について考え、アウトライン化して初稿を書く。そうすることで内容・論理性のしっかりとした英文が書けるようになります。

図2：プロセス・ライティングの流れ

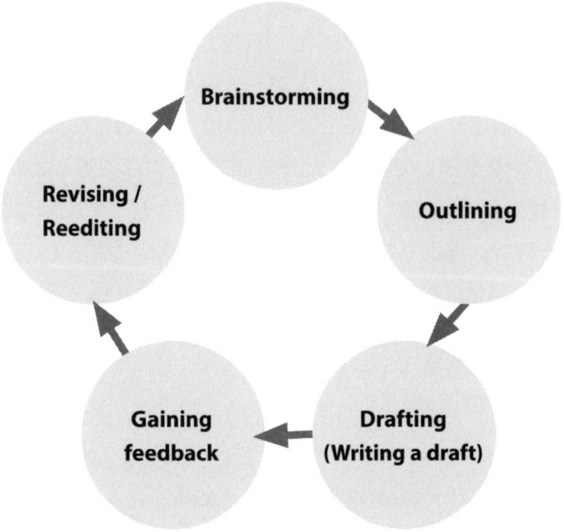

実は、学習指導要領（文部科学省, 2018［9］, p. 100）でもこのプロセス・ライティングが推奨されています。以下の該当部分を読んでみてください。

「発想から推敲まで段階的な手順を踏みながら指導する」とは例えば以下のような流れが考えられる。

① どのような内容を書くかについて、ブレインストーミングを行う。例えば、ペアやグループで自分の考えや気持ちを話して伝える活動をした後に、その内容を書く活動を行う。

② モデルとなる段落で書かれた文章例を使って、アウトラインの書き方を練習する。その後、自分の文章の段落の構成を考えてアウトラインを書く。

③ モデルとなる文章例や生徒の作品などを活用して、意見や主張などを適切な理由や根拠とともに伝えるための表現などについて学ぶ。

④ 実際に文章を書いた後に、自分で読み返したり、他の人と読み合ったりして、内容について修正したり、書き間違いなどを訂正したりする。

このように、内容に関してブレインストーミングを行い、アウトラインを書く、そして書いたものを他の人と読み合って修正し合うという具体的な過程を示し、

「発想から推敲まで段階的な手順を踏みながら行う」ことが推奨されています。まさにプロセス・ライティングであり、私たちが高校で取り入れてほしいと望んでいる指導方法です。また、ジャンルに準拠した指導方法を国として取り入れているオーストラリアの指導モデルも、プロセス・ライティングを踏襲したものです。基本的モデルは、① Modeling：目標とするテクストの特徴をモデルを見ながら分析する。論理展開や使用語彙などを生徒と議論させ、特徴を理解させる、② Joint construction：教師が誘導しながらクラス全体でモデル文にならいテクストを作る、③ Independent construction of the text：個々人でフィードバックを受けながら書く、という流れです。

プロセス・ライティング指導の良さは、教師とクラスメートとの意見交換を通して生徒が何度も推敲を重ねて良いものにしていくことです。自分が書いたものは間違いに気が付きにくいものです。読者の視点があってはじめて論理的かどうか、理解しにくい箇所がないかなどが分かります。フィードバックのない、書きっぱなしの指導が意味をなさないことはこれらの理論から明らかです。

私たちが特に重視しているのは、**「書き始めるまでに十分な時間を与えて準備させること」です**。生徒にトピックだけ与えていきなり書かせると、構成も内容もめちゃくちゃな文章になってしまいます。書き始める前に、内容を練る時間を与え、集めた情報を書き出して整理させます。特に、論証文などには主張の根拠となる情報を集めるためのリサーチの時間がこれに相当します。必要であれば、生徒同士で話し合わせ、それらの情報が主張を支えるに十分か、主張に対してデータは根拠として妥当かなどを議論させることもあるでしょう。そして、書きたい内容が出揃ったらアウトライン化です。筆者は、**アウトラインは箇条書きよりもセンテンスで書くことを勧めています**。トピック・センテンス、サポーティング・センテンスなどのセンテンス単位で書いておく、そしてなるべく必要な情報を入れておき、接続詞でつなげればそのままパラグラフになるくらいまで書き込むのがよいと思っています。そこまでアウトライン段階で落とし込めれば、書く内容、つまり思考が整理されているので、書き始めた時に「次は何を書こうか」などと悩むことはありません。

次に、プロセス・ライティングでは、書いたものを他人に見てもらい、もらったコメントをもとに書き直すという段階があります。教師やクラスメートからコメントをもらう（**ピア・フィードバック**）ことで、自分では気付いていなかった間違いに気が付き、また人の書いたものを読むことで、客観的な視点が養われます。理論的には、「書き手である生徒は、周りのサポートを受けながら今のステージから更に上のステージへ書く力を伸ばしていく『成長する存在』である」という考えに基づいています。これは教育心理学者のレフ・ヴィゴツキーが提唱した「**発達の最近接領域**」（Vygotsky，1978［10］）の理論です。ヴィゴツキーは心理学だけでなく教育学においても大きな影響力を与えた人物で、彼の考えによると、プロセス・ライティングにおける教師やクラスメートからのフィードバックは、より良い最終成果物にしていくための**足場掛け（scaffolding）**と呼ばれ、理論的にも支持された指導法です。

フィードバックに関しては、誰が、何に対して、どのように行うかが研究の対象となってきました。「誰が」に関しては、教師か、クラスメートのどちらが効果的か議論され、教師の権威的なフィードバックよりも、クラスメートの共感的なアドバイスの方が修正の意欲を高めるともいわれてきました（Hyland，2019［11］）。筆者は**ピア・フィードバックをうまく機能させることで教師のフィードバックの負担を減らし、生徒の自律的な学習を促せる**のではないかと思っています。効果的なピア・フィードバックを行うためには、その意義を生徒に知らしめ、何をどのようにフィードバックするのかを説明して、実際に練習させる必要があります。他の人の間違いを指摘するのは難しいかもしれませんが、フィードバックは相手の書いたものを、更に良くしていくためのプロセスであると理解させたうえで取り組ませます。また指摘する間違いに関して、フィードバック研究で有名なダナ・フェリス（Ferris，2011［12］）は、第二言語学習者の書いたものに見られる間違いには、自分で**修正可能な間違い（treatable errors）**と**修正不可能な間違い（untreatable errors）**の2種類があり、前者を意識して減らしていくことから始めるべきだと言っています。修正可能な間違いには、三単現のs抜けや、名詞の単数・複数の区別などがありますが、すべての文法や語彙の間違いを指摘するのは難しいことです。しかし、クラスメート同士で指摘する間違いに焦点を当てることで、基本的な間違いを減らしていくことができるようになります。実際に、ピア・フィードバックを導入すると、生徒たちはとても喜んでコメントを入れ合います。間違いを指摘するだけでなく、「ここ分かりやすいね」「よく調べて書いてあるね」など良い点を褒め、「ここはもっと具体例がほしい」など次につながるコメントも入れています。お互いの書いたものを評価することで、自分の修正すべき箇所にも気付くようになり、書き直しへの意欲が高まります。詳しくは、「第2部 4.1 フィードバックの目的と形式」（p. 203）で、ピア・フィードバックを有意義な活動にし、生徒同士が楽しんで取り組める方法について説明します。

2.3　英文はパラグラフが基本

2.3.1　パラグラフとは

英文を書く時にまず最初に教えたいのは、**英文が論理的であるための最小単位が「パラグラフ」である**ということです。気を付けなければならないのは、このパラグラフを和文の「段落」と思っている生徒や学生が多いのですが、1つの意味のまとまりを表す最小単位と考える点では同じであっても、厳密には「パラグラフ」と「段落」は異なります。渡辺・島田（2017）［13］は現代の**国語式段落**の特徴を次のように説明しています（p. 177）。

1. 原則として複数（まれにひとつ）の文・センテンスの集合であること
2. その集合が、改行と字下げによって視覚的に表されること
3. その視覚的に表された外形が内容的には話題の変わり目や意味のまとまりを表すものと見なされること

この特徴をパラグラフに当てはめた時に大きく異なるのは、段落はまれに1つの文でも構成できるという点です。一方、**パラグラフは「複数のセンテンス（文）からなる意味のまとまり」**のことで、段落のように1文だけではパラグラフを構成することはできません。センテンスごとに改行している英文を書いてくる生徒がいたら、まずこのパラグラフの概念を定着させることから始めてください（これが意外と難しいです！）。言い換えると、**パラグラフとは、いくつものセンテンスが論理的なつながりを持ち、1つの大きな意味のまとまりとなったもの、1つのアイデアが書かれたもの**です。更には、パラグラフがいくつも集まってそれぞれが論理的に構成され、章やチャプターといったものを作っていきます。英文は「パラグラフで構造化」されているといえます（「図3 パラグラフによる英文構造」p. 22参照）。

図3：パラグラフによる英文構造

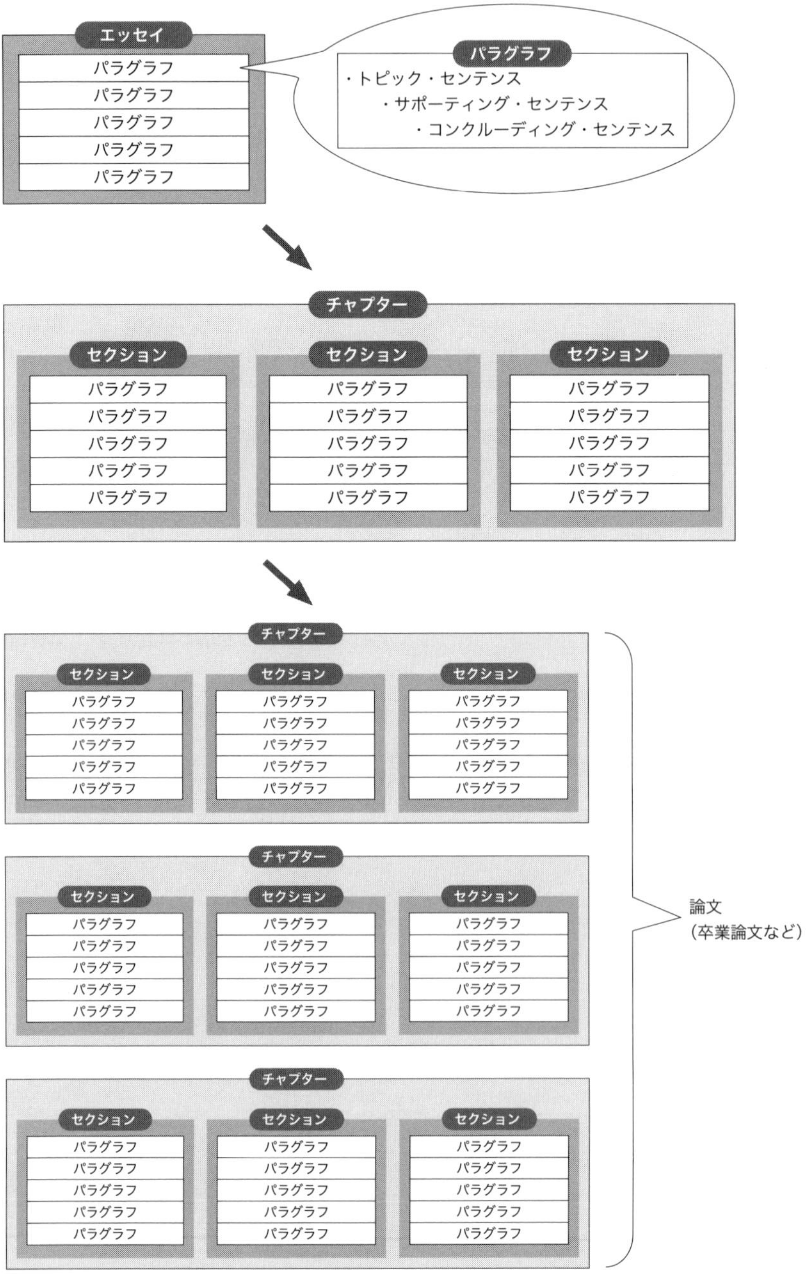

では、パラグラフ内の構造を見てみましょう。パラグラフでは、最も伝えたい情報が最初にあり、**トピック・センテンス（Topic Sentence / TS）**と呼ばれます。最も言いたいことを1文で表したものです。次にトピック・センテンスを支える理由や事例などの情報である**サポーティング・センテンス（Supporting Sentences / SS）**が続きます。そして、パラグラフの最後に、まとめの1文、**コンクルーディング・センテンス（Concluding Sentence / CS）**を置くこともあります。大事なのは、これらの文が「あるべきところにある」ということです。次のパラグラフの例を見てください。これは留学の利点を述べた典型的な1パラグラフの例です。

The Benefits of Studying Abroad

TS In this globalized society, studying abroad is beneficial for university students. SS First, students who study abroad can improve their language ability. In foreign countries, students have a chance to communicate with others in that country's language. This situation will inevitably improve their language skills. SS Another advantage of studying abroad is that students can gain personal development. Being immersed in a new culture is exciting, but students need to cope with new challenges or problems. For example, they need to learn and adjust to the customs of the country they are studying in. Through these experiences, students will discover their new strength and abilities. As a result, they will become more confident in themselves. CS *Thus, studying abroad is beneficial for college students.*

まず、最初に「留学は大学生にとって有益である」という書き手の主張、つまりトピック・センテンスがあります。その理由として、「外国語が身につく」と「留学経験により成長できる」の2つの理由が、サポーティング・センテンスとして述べられています。そして、サポーティング・センテンスを詳述する文や具体例が書かれ、最後に、再度最も重要な主張が少し表現を変えて書かれています。これがコンクルーディング・センテンスです。指導の際には、まず様々なパラグラフ・タイプの例を見せながら、トピック・センテンス、サポーティング・センテンス、コンクルーディング・センテンスにどのような情報が書かれているのかを理解させます。パラグラフ内のどれがそのセンテンスにあたるのか考えさせてもいいですね。そして、パラグラフ内の論理的な流れを作る「つなぎ言葉」にも着目させましょう。上記の例では、First, Another advantage of, For example, As a result などの表現が効果的に使われています。生徒各々に書かせることを急がず、まずはモデル文でパラグラフ・タイプを理解させて、同じような書き方を真似させることから始めてみてください。パラグラフの概念が定着していないと、周辺的な情報から書き始めるものです。これは日本語の作文の影響だと考えられます。英文は最初に最も言いたいことを述べて、後ろでサポートしていく書き方をすることをまずはしっかり理解させましょう。

2.3.2　トピック・センテンス

さて、「パラグラフはしっかり説明しているよ」とおっしゃる先生が多いかもしれません。確かにどの教科書でも触れています。しかし、例を見せて、頭で理解させただけでは生徒は書けるようにはなりません。なにより、**まず重要なのは「正しいトピック・センテンス」を作れるようになること**です。実は、大学生でもちゃんとしたトピック・センテンスが書けるようになるまでには時間がかかります。何度も書いて体得するしか方法はありません。実はこのトピック・センテンスをきちんと理解して書けることが、英文ライティングでは一番難しいのではないかと思います。まず、「正しいトピック・センテンスはどのようなものなのか」を理解させ、これを書かせることに時間をかけてください。では、例文を見てみましょう。筆者の１人は滋賀県の琵琶湖のすぐそばにある大学で教えているため、琵琶湖をトピックとした例をつくりました。次の２文はそれぞれ正しいトピック・センテンスになり得るでしょうか。

(A) Lake Biwa is the largest lake in Japan.
(B) You should avoid visiting the north of Lake Biwa in winter because it has much snow in the area.

答えは両方ともダメです。なぜなら、(A)は「琵琶湖が日本で最も大きい湖である」と事実のみを述べていて、議論の方向性が分かりません。一方、(B) は「冬に琵琶湖北部は積雪があるから訪れるべきではない」という細かい情報を伝えており、これ以上の議論の広がりは期待できないでしょう。**トピック・センテンスは topic（話題）とコントローリング・アイデア（話題の焦点＝その話題の何をパラグラフで説明したいのか）から成り立っています**。例えば、topic が同じでも異なるコントローリング・アイデアが考えられ、それによりパラグラフに書かれるべき内容やパラグラフのタイプが決まります。コントローリング・アイデアは大まかではいけませんし、あまりに焦点化しすぎてしまうと議論の幅が狭くなってしまいます。次の例を見てみましょう。

Topic sentence = topic + controlling idea

	Topic	**Controlling idea**
1.	Lake Biwa	has changed drastically over the past years.
2.	Lake Biwa	has historically played an important role in industry and agriculture in Kansai region.
3.	Lake Biwa	is one of the best spots for the cyclists nowadays.

topic はすべて Lake Biwa です。コントローリング・アイデアは異なりますが、それぞれに適切な情報が盛り込まれていることがお分かりでしょうか。1 では、琵琶湖の環境が数年にわたって変化している状況を説明し、過去は環境が良くなかったがここ最近では良くなってきていること（あるいはその反対）を記述する比較・対照のパラグラフ（「第 2 部 2.5.b Expository Writing—Compare and Contrast」p. 106 参照）になることが想像されます。2 では、琵琶湖が歴史上、関西圏の産業と農業に欠かせない存在だったことを述べる意見文のパラグラフに、また 3 では近年サイクリングなどで有名な場所として琵琶湖周辺の魅力を伝える描写または意見文のパラグラフ（「第 2 部 2.4 Descriptive Writing」p. 90 または「2.6 Opinion Writing」p. 155 参照）になることが分かります。

ではここで、授業で導入したい適切なトピック・センテンスを考える練習をいくつか紹介します。

タスク1

次のセンテンスのtopic (T) とコントローリング・アイデア (C) に下線を引きましょう。またこのセンテンスは適切なトピック・センテンスでしょうか。理由も考えてみましょう。

1. Throughout the world, many countries are starting to ban plastic straws.
2. My hometown is in Okinawa.
3. According to some studies, children who play games tend to become violent.
4. College students should eat more vegetables to stay healthy.
5. Greenhouse gas emissions cover the Earth and trap the sun's heat, which leads to global warming.

解答例　T = topic, C = controlling idea

1. Throughout the world, many countries are starting to ban plastic straws.

　T　C

2. My hometown is in Okinawa.

　T　C

3. According to some studies, children who play games tend to become violent.

　T　C

4. College students should eat more vegetables to stay healthy.

　T　C

5. Greenhouse gas emissions cover the Earth and trap the sun's heat, which leads

　T　C

to global warming.

解答　適切なトピック・センテンス：1，4

解説　2は「生まれが沖縄である」という事実を述べているのみで、話題の焦点が分かりません。3は「ある研究によると、ゲームをする子どもは暴力的になりやすい」と研究の結果を示しており、ゲームの弊害を述べるパラグラフの根拠とはなり得ますが、トピック・センテンスにはふさわしくありません。5も「温室効果ガスの排出が太陽光の熱を地球に封じ込めて、温暖化となる」という温室効果ガスの説明の文章であり、議論する幅が狭すぎます。ただし、「地球温暖化」をテーマとした文章の中では、3と同様に根拠情報にはなり得ます。

指導ポイント　このような練習を少しでも入れると生徒はトピック・センテンスの重要性を理解し、自分が英文を書く時にも意識します。トピック・センテンスにふさわしくない理由をしっかり考えさせましょう。

タスク2

次のテーマで作文をする時に考えられるトピック・センテンスを考えましょう。まず日本語で考えてから英語にしてみましょう。

1. Japanese animation　2. Characteristics of a good friend　3. Global warming

解答例

1. In recent years, Japanese animation has become popular around the world, and Hayao Miyazaki and Anno Hideaki are the most successful animators.
2. Based on my experience, there are two characteristics of a good friend.
3. Global warming is a serious threat to our planet, causing many harmful effects on the environment.

指導ポイント　いくつか生徒が出したトピック・センテンスを板書して、適切なトピック・センテンスが出せたら、更にサポーティング・センテンスを考える活動（タスク5 p. 31参照）に展開することもできます。ペアで考えさせるのもよいでしょう。

タスク3

次のパラグラフを読んで以下から適切なトピック・センテンスを選びましょう。また、文章中にトピック・センテンスを支持しない情報があります。下線を引きましょう。

> TS : ______________________________.
>
> In Atherton, there were not so many buildings, so while I was going to my host family's house, all I could see were vast farms and wild animals. These things are natural in rural areas, but Atherton was more special. In Atherton, the ground is red because the soil contains iron, so the scenery is very different from that of Japan. The red ground without modern buildings was like somewhere in a different planet. Sydney is also a nice place because there are many things to do. Without streetlamps, the night in Atherton was so dark that I could not see anything, so I was a little scared. I am afraid of ghosts, so I do not like nighttime. However, when I looked up to the sky, there were so many stars that I had never seen in my life. I have never been to an overseas town other than Atherton, but I strongly recommend a homestay in Atherton.

1. I went to Atherton in Australia this summer.
2. My first experience going to an overseas town was a homestay in Atherton, Australia.
3. Atherton is a nice place to visit for those who go overseas for the first time.

解答

適切なトピック・センテンス：2

トピック・センテンスを支持しない文：Sydney is also a nice place because there are many things to do. と I am afraid of ghosts, so I do not like nighttime.

解説　筆者はオーストラリア、クイーンズランド州にあるアサートンという町でホームステイをした経験を述べています。1、3ではホームステイでの経験であることが分かりません。

指導ポイント　内容理解から重要な情報を提示し、適切なトピック・センテンスを選ばせましょう。また、前後の脈絡から外れた情報はないか考えさせ、実際に文章を書く時に論理の逸脱になることを教えます。

2.3.3　サポーティング・センテンス

トピック・センテンスが決まったら、次にどのようなサポーティング・センテンスを入れればよいかを考えます。サポーティング・センテンスは、トピック・センテンスを支持する情報で、主に（トピック・センテンスを）「説明する」「理由を述べる」「具体例を示す」「事実を提供する」「定義する」などの役割があります。トピック・センテンスを補足するには、どのような情報が必要なのかを考えさせることがとても大事です。なぜなら読者がそれを期待するからです。先の例 3 Lake Biwa is one of the best spots for the cyclists nowadays. がトピック・センテンスである場合は、読者は琵琶湖がサイクリングに適した場所である理由を知りたくて読むでしょうから、サポーティング・センテンスはサイクリングにとって琵琶湖が魅力的である理由や、具体的に走れる場所の情報を書くべきです。どのような情報をサポーティング・センテンスに書くべきかをしっかり考えさせることは、パラグラフ内の論理性にも関わってくるので、不必要な情報が入っていないか自分で判断できるようにするためにも非常に重要です。説得力のある根拠が必要な場合は、時間をとってデータや資料を調べさせましょう。まずは教員が必要なリソースを提供することから始めると、生徒は何を調べたらよいのかを理解し、次からは自分で探せるようになるでしょう。他教科横断型授業でしたら、他の教科で学んできた情報をベースにパラグラフを書かせるのも一案です。

タスク4

次のトピック・センテンスには、どのような役割のサポーティング・センテンスが必要でしょうか。トピック・センテンスと適切なサポーティング・センテンスを結び、(　) に役割を書きましょう。

> **サポーティング・センテンスの役割**
>
> (トピック・センテンスを)「説明する」　「理由を述べる」　「具体例を示す」
> 「事実を提供する」　「定義する」

トピック・センテンス	サポーティング・センテンス
1. When foreigners come to live in Japan, they need to learn some basic rules.　・	・　**a.** This is because tourists can experience the rich culture and traditions of Japan. 役割 (　　　　　　　)
2. One popular tourist spot in Japan is the city of Kyoto.　・	・　**b.** For example, foreigners need to learn that they have to take off their shoes before entering a house. 役割 (　　　　　　　)
3. The serious problem that teachers and parents need to deal with is the cyberbullying of students.　・	・　**c.** Cyberbullying occurs when someone posts or sends hurtful information or lies about someone else on the Internet. 役割 (　　　　　　　)

解答　1とb (具体例を示す)　2とa (理由を述べる)　3とc (説明する)

タスク5

タスク2 (p.27) で考えたトピック・センテンスのサポーティング・センテンスを考えましょう。

1. In recent years, Japanese animation has become popular around the world, and Hayao Miyazaki and Anno Hideaki are the most successful animators.

   解答例

   ① Hayao Miyazaki, who leads Studio Gibli, is both an animator and the director of animated movies.

   ② Anno Hideaki is well known for creating the anime series of *Neon Genesis EVANGELION.*

2. Based on my experience, there are two characteristics of a good friend.

   解答例

   ① One of the characteristics of a good friend is trustworthiness.

   ② The other characteristic is being supportive when someone is in trouble.

3. Global warming is a serious threat to our planet, causing many harmful effects on the environment.

   解答例

   ① Higher temperatures cause extreme weather events including storms, floods, and heat waves.

   ② Global warming can also has an impact on human health.

2.3.4 コンクルーディング・センテンス

コンクルーディング・センテンスは、パラグラフの最後に置かれるまとめの1文です。通常、トピック・センテンスの表現を少し変えて書くことが望まれます。以下の例を見てください。

トピック・センテンス	Winter is my favorite season because of its many attractive features.
コンクルーディング・センテンス	For these reasons, I think winter is the best season.

トピック・センテンス	The day when I won first prize in the National Piano Contest is the most memorable day for me.
コンクルーディング・センテンス	This experience made me feel more confident in my piano skills, so this day is an unforgettable memory.

いずれの例も、似たような表現でありながら、同じ意味のセンテンスであることがお分かりいただけるでしょう。コンクルーディング・センテンスは、短いパラグラフの場合には必ず必要というわけではありませんが、長いパラグラフの場合は、入れる方がよいでしょう。読者に一番大事な情報や、書き手の主張を再度述べて締めくくります。

タスク6

以下のトピック・センテンスを読んで、選択肢から適切なコンクルーディング・センテンスを選びましょう。

1. Paolo Maldini is one of the greatest retired soccer players.
   a. Many fans love Paolo Maldini.
   b. Even though Paolo Maldini is retired, he will be remembered as one of the best soccer players.
   c. Paolo Maldini taught me many good techniques to make me a better soccer player.

2. My daily routine includes a lot of exercise.
   a. The best way to stay healthy is to exercise every day.
   b. As you can see, exercise is fun.
   c. Many people do not like to exercise, because they think it is too hard.

解答

1. b（one of the greatest retired soccer players の部分が適切に書き換えられている）
2. a（daily routine の部分が適切に書き換えられている）

2.4　パラグラフからエッセイへ

2.4.1　エッセイとは

生徒が様々なタイプのパラグラフで書くことに慣れてきたら、エッセイ・ライティングに挑戦させます。大学のアカデミック・ライティングの課題で最も頻繁に要求されるのがエッセイです。**エッセイは、「複数のパラグラフの集まり」のことで、1つのテーマのもとで複数のパラグラフを使って描写したり、比較したり、議論したりします**。基本的なエッセイの構成は、**Introductory paragraph（導入部）**－**Body paragraphs（本論）**－**Concluding paragraph（結論部）**で、本論は通常2、3パラグラフで構成されます（詳しくは「第2部 2.7.a Argumentative Writing」p. 168参照）。論証文の場合は、本論の最後のパラグラフで反論・反駁が入ることがあります。ここでは p. 169 のモデルエッセイを参考に説明します。

導入部は、まず**フック（hook）**と呼ばれる1文から始まることが奨励されます。フック（hook）は、文字通り魚釣りのフックで、読者の関心を引く1文です。誰もが知っているようなテーマに関連した一般的事象、または意外性のあるデータを示して、「○○のような事実を知っているでしょうか？」などと読者に問うことも可能です。例えば、日本の少子化問題をテーマにしたエッセイの場合、Do you know how many babies were newly born last year? In fact, fewer than 800,000. This number is almost half as small as that of 1980. のように日本の出生率が低いことを示し、このテーマがどれだけ重要であるかを最初の1文で訴えるなどが考えられます。モデルエッセイでは、昨今、子どもたちにとってスマートフォンが生活に欠かせないツールになっているという身近な例で読者の関心を引いています。

次に、導入部の大半を占めるのがテーマの背景情報で、論証文の場合は、賛成・反対両方の意見があることに軽く触れておきます。そして、導入部の最後に書き手の主張「**メイン・アイデア Thesis Statement**（エッセイの大主題)」が置かれます。

Introductory paragraph（導入部）の内容

・フック（hook）（読み手を引きつける1文）
・テーマの背景情報
・メイン・アイデア（thesis statement）

Thesis statementには、パラグラフのトピック・センテンスと同じように、topic（エッセイのテーマ）とコントローリング・アイデア（エッセイの本論で書く内容）が入っていなければなりません。特に、コントローリング・アイデアをしっかり入れることで、書き手も読者も本論で議論する内容が明確になり、パラグラフ間の論理関係がはっきりします。また、どの観点から議論するか本論のキーワードをthesis statementに組み込んでおくと読者は安心します。次の文の構造を見てください。

Topic　　　　　　Controlling idea

(A) Smartphones can harm children both physically and mentally, and also cause
キーワード 1　キーワード 2
children to be the target of bullying.
キーワード 3

この thesis statement は、子どもたちにとってスマートフォンは有害なので使わせるべきではないとする立場です。その理由は、子どもたちに身体的にも精神的にも害を与える可能性があること（can harm children both physically and mentally）といじめにつながる可能性があること（can cause children to be the target of bullying）の 2 点です。ここでは physically, mentally, the target of bullying などが本論で議論する内容のキーワードであり、本論の各パラグラフのトピック・センテンスにこれらのキーワードが入っていることでパラグラフの間の論理の一貫性が保たれます。キーワードは形が変わっていても構いません。

次に本論は、thesis statement の主張を支える複数のパラグラフで構成され、各パラグラフには議論のキーワードを含むトピック・センテンスと、その情報を詳しく述べるサポーティング・センテンスがあります。エッセイは、読者に理解を助ける情報をできるだけ入れる必要があり、本論には用語の定義や、データや具体例などの根拠、またその根拠情報の詳述や解釈が続きます。また、必要であればまとめの 1 文、コンクルーディング・センテンスが最後に入ります。

Body paragraphs（本論）の内容の一例

・トピック・センテンス
・サポーティング・センテンス
（具体例やデータなどの根拠）
・サポーティング・センテンス
（根拠の解釈や解釈）
（・コンクルーディング・センテンス）

結論部は、まとめのパラグラフです。まず thesis statement を再話してから、本論で議論したことを簡単にまとめます。コンクルーディング・センテンスがそうであったように、thesis statementの表現を少し変えて読者に書き手の主張をリマインドする1文から始め、最後は将来へのひと言を添えて終わります。気を付けなければならないのは、**結論部では新しい情報を入れないようにします**。新しい情報を入れると新たな議論が始まってしまうからです。

Concluding paragraph（結論部）の内容

・Thesis statementの再話
・本論のまとめ
・将来へのひと言

2.4.2　エッセイの書き方

エッセイの書き方には2通りあります。

①1つのパラグラフからエッセイに展開させる方法
（「図4　パラグラフからエッセイに展開させた例」p. 38参照）
②エッセイの構成や内容を考え、アウトラインを書いてからエッセイにする方法
（詳しい書き方は、「第2部　2.7.a Argumentative Writing」p. 168参照）

前者の場合は、既に書いたパラグラフのトピック・センテンスがthesis statementになり、サポーティング・センテンスが本論のトピック・センテンスとなります。そして数行書き加え、内容を膨らませていきます。既にあるものに情報を加えていく書き方ですので、こちらの方が書きやすいでしょう。詳しい書き方は、「第2部　2.6 Opinion Writing」（p. 155）を参照してください。

また、ある問題の原因と結果を書くエッセイでは、一度に書かせるのが難しい場合は、原因と結果のパラグラフをそれぞれ別に書いたものを合わせたり、原因のパラグラフを書かせてから、結果のパラグラフを書かせていくという指導ができます（詳しくは、「第2部　2.5.c Expository Writing—Cause and Effect」p. 121参照）。基本の4つのパラグラフ・タイプ（叙述文、描写文、説明文、意見文・論証文）のすべてをエッセイにする必要はありません。適宜、生徒の習熟度に応じて、指導計画の中で実施してきたことをバージョンアップさせるつもりでエッセイ・ライティングに移行させる、または、ライティング指導の集大成として論証文だけをアウトラインから書かせてみるなどの指導も十分に考えられます。

図4　パラグラフからエッセイに展開させた例

Living in the City is Better than Living in the Country

トピック・センテンス

In my opinion, living in the city is better than living in the country. ① **One advantage of living in the city is that cities have better transportation systems.** There are many tram, bus and taxi services, which makes it very convenient to move about. It may be true that living in the country may be more comfortable, but living in cities is more convenient. ② **Another advantage of living in the city is that there are many entertainment facilities and cultural events, so it is easier to go to movies, concerts, or sporting events than in the country.** If people live in the country, they may have to travel a long way to go to these places. ③ **Finally, I also think that people who live in cities have better opportunities for education.** There are more libraries and museums in cities. These facilities often provide educational programs for children. ***Therefore, I think cities are better to live in.***

サポーティング・センテンス（主張のサポート）

コンクルーディング・センテンス

thesis statement

トピック・センテンス（thesis のサポート）

トピック・センテンス（thesis の繰り返し）

Life in cities and life in the country have both advantages and disadvantages. City life is fast paced, while country life is more relaxing. Preference differs from person to person, so some people prefer to live in cities while other people prefer to live in the country. **Although many people dream of living in the country because it seems that life is more carefree, I believe that living in cities is better.**

① **One advantage of living in the city is that cities have better transportation systems.** There are many tram, bus and taxi services, which makes it very convenient to move about. Most likely, if you live in the country, you would need a car, which costs more than when using public transportation, so people living in cities can save on travel expenses.

② **Another advantage of living in the city is that there are many entertainment facilities and cultural events.** In the city, there are many events taking place all the time such as live concerts, sporting events, and exhibitions. Because these events are easy to get to if you live in cities, life will be more exciting than life in the country.

③ **Finally, I also think that people who live in cities have better opportunities for education.** There are more libraries and museums in cities than in the countryside. These facilities often provide educational programs for children. In fact, there is a positive correlation between the academic abilities of children and the frequency of them going to libraries. Therefore, these facilities in cities are important for the growth of children's mind.

In conclusion, city life is better than country life. Transportation systems are better, there are more exciting things to do, and there are more educational facilities for children. As you can see, by living in cities, people will be able to live a more fulfilling life.

2.5　論理的に考えるとは

文章を書く時に重要なことは、「伝える目的」と「読み手（audience）」を意識して書くことと先ほどお伝えしましたが、読者に理解してもらうためには、論理的な文章でなければなりません。**「論理的な思考の醸成」**は学習指導要領でも焦点になっているキーワードで、論理的で説得力のある文章を書くことが英語教育でも求められています。先のアンケートでも「論理的な文章を書かせるにはどうすればいいか」とお悩みの先生方が多くいました。ここでは、ジャンルの項で登場したスウェールズを引き合いに出して「英文が論理的である」条件をいくつか紹介します。彼が、その著書（Swales, 2012［8］）の中でFive elements of good writing（良い文章の5つの要素）としているのは①Purpose（目的が明確に示されていること）、②**Audience**（**読み手**を意識した記述であること）、③Clarity（語彙選択の正しさや情報の正確さ、曖昧な表現を避けること）、④**Unity**（**一貫性**：パラグラフには1つのテーマが入っていること、パラグラフ内、パラグラフ間に論理的なつながりがあること）、⑤**Coherence**（**結束性**：代名詞や指示語、**つなぎ言葉**が正しく使われていること）です。文章が論理的であるための基本的な事柄に絞って見てみましょう。

1）パラグラフの構成要素は、あるべきところにある

分かりにくい見出しかもしれませんが、要は、パラグラフは「英文が論理的であるための最小単位」ですので、パラグラフ内の構成要素は決められた場所になくてはならないということです。つまり、トピック・センテンスはパラグラフの最初になくてはならず、最後にあったりしてはいけません。英文は日本語の感想文のように読者に書き手の気持ちを推測させながら書くのではなく、読者が期待する場所に決められた情報を示さなくてはならないのです。エッセイでも同じで、thesis statementがなかったり、逆にthesis statementが導入部の最初に書かれていると読者は混乱します。構成要素の場所はとても重要なのです。

2）つなぎ言葉を効果的に使う

接続詞や接続副詞は「つなぎ言葉」と呼ばれ、センテンスやパラグラフを論理的につなげる重要な役目を担っています。英語を習い始めたばかりの生徒には、単文を接続詞でつなげてパラグラフを作る段階から始めて、少しずつつなぎ言葉の種類を増やしていきます。情報を列挙するFirst, Second, Finallyを使うのは悪くはありませんが、あまりにも定型になっているように感じます。様々なつなぎ言葉を使

う練習、そして、使いすぎていないかをチェックする練習をさせましょう。使わなくても文章が流れるようなら不要です。特に、逆接の接続副詞 However は大きく論を展開させます。このようなつなぎ言葉を効果的に使えるように指導しましょう。

3）代名詞や指示語を正しく使う

文章のつながりを表す品詞は、接続詞や接続副詞だけではありません。代名詞や指示語が正しく使えているかにも注目します。それらが、文章中の何を指しているのかが明確でなければ、読者は混乱してしまいます。生徒が間違った使い方をしているのをよく見かけます。指している名詞と指示語が離れすぎていたり、単数の名詞を指しているのに複数の代名詞で受けている場合など、よくある間違いはクラス全体で共有しましょう。

4）英文の論の流れ

英文には特徴的な論の流れがあります。既に読者が知っている情報（**既知情報**）からまだ知らない新しい情報（**新規情報**）へと流れているといわれています（Halliday & Hasan, 1976［14］）。下の英文を見てください。新しい情報はセンテンスの最後に置かれ、それを受けて次のセンテンスが始まっています。基本的には、英文はこの流れの繰り返しです。逆に新しい情報がセンテンスの頭にあると、それまでの論の流れを中断してしまうことにもなりかねません。「既知から新規へ」の流れを意識するだけでも英文はとても良くなります。

I have a tennis racket.

It was given by my grandmother.

She sent it to me for my birthday.

また、「英文では大事な情報から先に述べる」というルールもあります。パラグラフの最初はそのパラグラフで最も言いたい情報 ＝トピック・センテンスからというのもこの原則に則っているわけです。更には、「一般的な事象から特殊な事象へ」の流れも特徴の1つです。エッセイの導入部は、テーマの一般的な背景情報から書き始め、読者にそういうこともあるなと共感を持ってもらい、個人的な意見へと焦点化していく、そのため導入部の最後に thesis statement があるのです。このようなことを生徒に話すと、英文が非常に緻密な論理の流れを持っていることが分かって興味を持ってくれるようです。

3 センテンスから始めるライティング指導

3.1 はじめに

2022年度から実施された高等学校学習指導要領（外国語）は、情報・考えや気持ちを論理的に書くことを求めていますが、日本文を英訳する、いわゆる**和文英訳**を指導するようにという記述はありません。しかし、和文英訳は実際の授業ではほぼ例外なく行われている指導です。日本文をそのまま英語に訳すというタスクは教科書にもあり、より取り組みやすい文の一部完成や並べ替え問題もよく見られます。特に科目「論理・表現」では、和文英訳的なタスクはほぼすべての教科書に取り入れられています。

和文英訳はライティングではありません。しかし、ライティングができるようになるためには必須のタスクです。本章ではまず、その意義と課題を考え、和文英訳を数センテンスのライティングに発展させる指導例を説明します。

3.2 和文英訳指導の意義

かつては、文法規則を教師が解説する授業が主流でした。そのような授業では、生徒は教師の説明を聞いて規則を理解しそれを暗記することを求められました。そして、その規則を習得しているかを確認するために文法の練習問題が課されました。その多くは穴埋めや語形変換や書き換えなどの機械的なものでしたが、最後に応用問題的に課されるのが和文英訳でした。つまり、和文英訳は、以前は英語を「書く」ことと同義で、文法規則を正しく理解して表現できるかを検証するタスクでした。例えば、「私が起きた時には父はもう出掛けてしまっていた」という日本文の英訳問題は、「過去のある時点よりも前に完了していたことは〈had ＋過去分詞〉で表し『…の時にはもう～してしまっていた』という意味になる」という規則を実際に援用して書けるかを問うています。

文法問題の延長として位置付けられてきた和文英訳ですが、現在でもその役割と重要性は変わっていません。和文英訳は文法学習の一環であり、その最終のタスクといえます。その意味で、学習指導要領が変わっても大切な指導といえるでしょう。国公立大学の入試問題でも、和文英訳は出題されることが多い形式です。

3.3　和文英訳指導の課題

和文英訳は学んだ文法規則を使って英文が書けるかどうかを試す意義はあるものの、それがある程度できてもライティングができるようになるわけではありません。実際は英語を「書く」という活動がそこで止まってしまっていることが多く、せっかく学んだ文法を実際にライティングで生かす指導が足りない点が大きな問題です。「和文英訳もできないのにライティングはできない」という思い込みのもと、文法事項の指導がすべて終わるまでずっと和文英訳のみを指導し、ライティングを後回しにしてしまえば､生徒が実際に自分の考えや気持ちを書こうとするころには、文法事項の使い方を忘れてしまっているだけでなく、どのように文章を組み立てるかということすら理解するのに時間を要し苦労することでしょう。

また、和文英訳に多くの力を注いだ結果、ライティングに関してはその指導をする時間が足りなくなってしまって、大学入試でライティングを課す大学を受験する生徒だけに直前指導をするという現状も見られます。「1.1 なぜ今、ライティング指導が必要なのか」(p. 10) で詳述されたように、高等学校でライティングを経験したり指導を受けたりしたことがない大学生が極めて多いことが、大学生の書く英文が正確性においても結束性においても非常に物足りない原因であると思われます。

次に、実際の和文英訳の指導自体の課題を述べます。まず、和文英訳では、あまりにも日本語にとらわれすぎて、表現上の機械的な移し替えに腐心してしまうという問題があります。和文英訳の和文は、どの文法事項を使えばいいかを誘導するような言い回しになっていることがほとんどです。そのため、日本語の表現のみにとらわれて「昨日財布をなくしてしまった」という日本語を英訳する際に現在完了を使う生徒が多く出てしまいます。

語用論についても課題があります。高校生たちは、和英辞典等で与えられた日本文の中の言葉に相当する英語を探します。最近ではスマートフォンなどで安易に検索することも多く見られます。日本語に相当する英語を見つけると、その語の意味素性や用法を顧慮することなく、見つけた単語をすぐ使おうとします。例えば、「彼は決して自分の過ちを認めようとしなかった」を英訳する場合、*He never appreciated his mistake. のような英文を書きます。動詞の意味をまったく慮ることがないだけでなく、「決して〜ない」は常に never と同じであるという錯覚を犯します。

もう 1 つの大きな問題は、教科書にある和文英訳問題は、通例複数の日本文がばらばらの内容で、それぞれの文同士の意味的なつながりがないことです。例えば、

「明日の朝は早く起きなければならない」の次に、「かつてここには大きなお寺があった」というような、文法事項に焦点を当てただけの内容的に無関係な文が羅列されています。また、それぞれの文の内容は誰がどのような場面で言ったり書いたりしたのかが分からず、コミュニケーションの観点から生きた文ではなく、単なる練習のための文にすぎません。したがって、生徒にその文を暗記するよう指導しても、モチベーションが上がらないのは当然です。

3.4　和文英訳指導の留意点

和文英訳をさせる際は、宿題として取り組ませたり授業中に書かせたりした後、生徒を指名して黒板に自分の英文を書かせて教師が添削するという方法がよく採られます。この添削は非常に難しく、生徒が書いたものが正しいのかどうか、どのように直せば良くなるのかなど、ベテランの教師でも自信を持って判断できないことがよくあります。文法構造の正誤はいいとしても、語彙選択やコロケーションには迷うことが多いものです。そのような場合に備えて、生徒が書きそうな英語について予想し、また英英辞典やコロケーション辞典、用例辞典などで十分な準備をしておくことが必要です。また、正解を教えるだけでなく、「このようにも言える」という例をふんだんに用意しておくと、生徒の発想も柔軟になることでしょう。例えば、「彼は私の依頼を断った」を文字通り、He declined my request. だけでなく、He said no when I asked him a favor. と言っても同じ意味が表せることを教えてあげましょう。私たちは、和文英訳の大切な意義の1つに、**生徒に「模範解答だけが正しい」という思い込みを払拭させ、同じことを伝えるのに様々な表現法があるという柔軟な発想を持たせること**があると考えます。

次に、日本語に難しい表現や英語にするのが難しい言葉がある時は、自信のない英語で書くより、もとの日本文の内容を十分伝えられなくても、自信のある英語で書く工夫をするよう指導しましょう。例えば、「情報伝達の速度において、他のどの手段もインターネットには太刀打ちできない」という日本語を英訳する場合、日本語を忠実に英訳しようとする意識を捨てさせ、この文が伝える情報をおおよそ伝えられたらそれでよしとするのです。すなわち、「インターネットはすべての手段の中で最も早く情報を伝えられる」のように解釈し、The Internet is the fastest way of sending information. を正解として示してやります。また By using the Internet, we can send messages faster than in any other way. のようにしてもよしとします（山岡他, 2018［15］）。このように、日本語を言い換える、いわゆる「**日日作文**」をさせ、自分の知っている英文法が使えるように工夫をさせてみましょう。**「難しい和文英訳は、それを自信のない難しい英語を使って表そうとするより、自信のある平易な英語で内容を伝えること」**――すなわち、完璧な翻訳ではなく**7割答案を目指す**ことを心掛けさせるのです。英語の力と同時に日本語のセンスが問われますが、このような「言語との格闘」をすることは、思考力の十分な訓練になると思います。

3.5　ライティングにつながる和文英訳指導

和文英訳をライティングにつなげるための指導方法を考えてみましょう。先述したように、教科書の和文英訳問題は各文が意味的にばらばらで、ストーリーがありません。そこで、その中の1つを用いてストーリーを作らせてみます。ストーリーといっても、前か後に1文つけさせる程度のことですが、これによって、その文にコンテキストが生まれます。このような工夫により、場面が生まれ英語文の機能を理解することにつながるでしょう。例えば、「ジュディはインフルエンザに罹ったのかもしれない」という文の前または後ろに1文つけさせてみましょう。「罹ったのかもしれない」と推測する根拠を述べることもできますし、罹ったことの結果やジュディへの心配の気持ちを述べることもできます。

Judy may have caught flu.
→「だって、昨夜高熱が出たって言ってたもの」
　She said she had a high fever last night.
→「2・3日は学校に来られそうにないわね」
　It seems that she has to stay away from school for a couple of days.
→「1人暮らしなので心配だわ」
　I'm worried about her because she lives by herself.

和文英訳問題のすべての文でこれを行う余裕はありませんし、生徒たちも負担に思うでしょうから、文脈を作れそうな文に絞ってやってみましょう。

和文英訳は、ライティングの力をつけるための基礎として大切にしてほしいと思います。しかし、それが単なる演習のみにとどまっていては、ライティングのハードルは高いままでしょう。和文英訳をさせる際にも常に文から文章へと発展させるという意識を持たせることが大切です。ライティング指導の第一人者である松井孝志氏は、文法・文構造・**語法**・綴り・**語選択**・表現選択・**コロケーション**などの学習を縦糸、内容・段落構成・展開・論理の学習を横糸と位置付け、教師は「タテ糸をあてがいつつ、ヨコ糸をしっかりと紡がせ、タペストリーを織りなす達成感を目指すべき」[2]という主張をしていますが、この姿勢を常に持っていたいものです。

最後にライムズ（Raimes, 1983［16］）によるライティングの要素を図5に示します。これを見ると、ライティングには「縦糸」である**統語法**、文法、スペリングや**句読法**、語彙選択などと、「横糸」である内容、対象、パラグラフ構成などの両方が必要であることが分かります。いずれかに偏った指導ではなく、両方をバランスよく指導することの大切さがお分かりいただけると思います。

図5：ライティングの要素（望月による訳, 2018, p.164［17］）

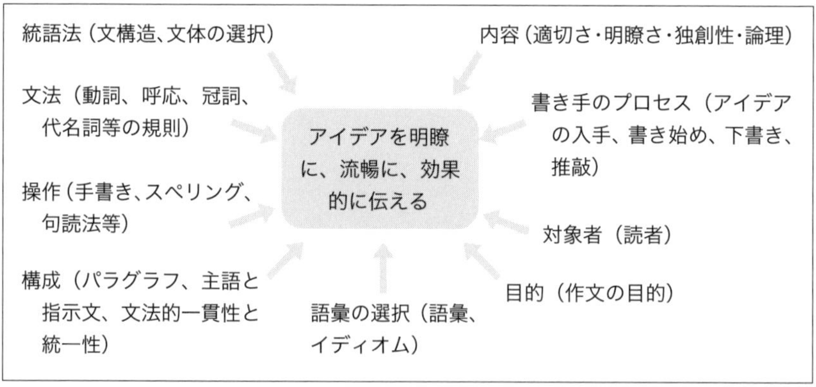

3.6　論理的に2文を書く練習（つなぎ言葉を使って構成する）

私たちがある情報を伝達する時は、よほど文脈が共有されていることがない限り1文でそれを伝えることはありません。相手が納得できるよう、2つ以上の文を重ねて伝えます。話し言葉では、相手が理解できなければ質問をしてもらうことによっ

2　この表現は松井孝志氏が三熊祥文氏 (2000)「Memoria 再考―英語教育におけるスピーチの縦糸と横糸―」（広島文教女子大学紀要 35）より着想を得て、指導に使っていたものである。なお、三熊氏は「縦糸・横糸」という発想のヒントは、田邉祐司氏に負うている」としている。

て、情報を付け足したり言い換えたりすることができますが、書き言葉では書かれていることのみで理解してもらわなければならないため、情報を分かりやすく説明するということはより重要になります。

このように、文章を書く時は、話し言葉よりも慎重に論理的な書き方をすることが求められるわけですが、いきなり1パッセージや1パラグラフを書かせるのではなく、論理的な2文を書く練習から始めてみましょう。大きな構想からブレインストーミングをして文章の構成を練るというトップダウン型の練習はもちろん大切な指導過程ですが、その前にボトムアップで文章を組み立てる練習をするのです。

この指導では、まず1つの文を書かせます。自分や身の回りで起こったことでも、新聞で読んだことでも何でもいいのですが、できる限り生徒自身が実感として感じられる内容がよいと思います。

1. I got up at five this morning.
2. We will have an important game next Sunday.
3. We had a heavy rain last week.

これらの文の後に1文だけ論理的な文を付け加えさせます。

1’. I got up at five this morning. That’s because I had to finish my homework before going to school.
2’. We will have an important game next Sunday. If we win this game, we can play in the finals.
3’. We had a heavy rain last week. As a result, the nearby river flooded.

生徒の自由な発想を認めて、様々な可能性を許容してやります。そして、2つの文をつなぐ**ディスコース・マーカー**が必要な場合は指摘してあげます。

次に、各生徒が書いた2文の意味的つながりを、全員に考えさせます。

a. 事実 ⇒ 結果
b. 事実 ⇒ 原因・理由・根拠
c. 事実 ⇒ 補足
d. 事実 ⇒ 次の事実

タスク 1

先の 3 の文を用いて、a ～ d に従って例を考えてみましょう。

解答例

a. We had a heavy rain last week. *As a result*, the nearby river flooded.

b. We had a heavy rain last week. *That's because* a typhoon slowly passed to the east of our region.

c. We had a heavy rain last week. It lasted for three full days.

d. We had a heavy rain last week, *but* this week the weather has been completely sunny.

タスク 2

生徒の英語力が伸びてきたら、社会的な内容の英文を与えます。a ～ d に従って例を考えてみましょう。

4. The number of children is decreasing in Japan.

解答例

a. The number of children is decreasing in Japan. *Because of this*, many schools have been closed.

b. The number of children is decreasing in Japan. *This is because* many married couples have only one child.

c. The number of children is decreasing in Japan. *In fact*, this decrease has been continuing for forty straight years.

d. The number of children is decreasing in Japan. *On the other hand*, the number of elderly people is increasing.

2 文でパラグラフになるかどうかは議論の余地がありますが、1 文で伝えるより多くの情報量を論理的に盛り込むことによって、生徒はパラグラフへの意識を深めることができるでしょう。

3.7 単文をパラグラフにする練習

生徒にライティングをさせると、短い単文を羅列することがあります。

I went to Osaka yesterday. I bought some books. I ate ramen at a restaurant. I saw a movie. I went home at five.

このように文をどれほどたくさん羅列しても、文同士に意味的なつながり（結束性）がなければパラグラフとは言えません。ハリデーら（Halliday & Hasan, 1976［14］）によると、結束性には、指示（reference）、代用（substitution）、省略（ellipsis）、接続（conjunction）、語彙的結束（lexical cohesion）の5つの要素があるといいますが、まず、このような単文の羅列をパラグラフにする方法を教えましょう。

まず、上に示したような単文を板書し、各文が意味的なつながりを持つように書き換えさせます。

I went to Osaka yesterday. I bought some books *there*. *Then*, I ate ramen at a restaurant. *After that*, I saw a movie *and* went home at five.

適切な**ディスコース・マーカー**や代名詞、then, there などの副詞を使わせ、情報を整理させて、必要によっては情報の前後を入れ替えさせたり、必要な語句を補ったりさせてみましょう。

Yesterday I went to Osaka *to buy some books*. *After buying them*, I ate ramen for lunch at a restaurant. *In the afternoon*, I saw a movie *and* went home at five.

次は、実際に生徒に自分のこと、自分がしたこと、身の回りに起こったことを、3～4つの単文で書かせてみます。

1. I like cats very much. I don't like dogs. Cats are cute.
2. I went home at six yesterday. I felt very tired. I went to bed early. I didn't take a bath.
3. Today our teacher told us about our school trip. We are going to visit Hokkaido. Everyone was excited.

書かせたら、互いに交換させて、接続詞、代名詞などを使い、更に足りない語句を補なって、全体を1文か2文にするように指示して書き換えさせます。

1'. *Though* I don't like dogs, I like cats very much *because* they are cute.

2'. *When* I went home at six yesterday, I felt very tired. *So* I went to bed early without taking a bath.

3'. Today our teacher told us that we are going to visit Hokkaido on our school trip. Everyone was excited *to hear that*.

複文や長い文が必ずしも良い文とは限りませんが、ライティングにおいて、旧情報を新情報へとつないで、読み手の理解を促すためには、短い文できれぎれに情報を伝えるより、1文で十分な情報を盛り込むことが分かりやすさにつながります。

文頭に Though があれば、後半は逆説が述べられるという予測が可能になります。So や Therefore があれば、その結果が述べられることを予見できます。実際に書かせることによって、このような気付きを促すことが、ライティングにつながる大切な訓練だと思います。

3.8　様々なライティング活動

3.8.1　リテリング（retelling）

高等学校では、読解素材を読み終えた後、リテリングや要約をさせ、読み取った内容を発信につなげる活動が多く見られます。このような活動は、正確に情報を読み取らせたり、大切な内容を把握させたりできるだけでなく、それを自分の言葉として発表するという力や姿勢を養うことができる有意義なタスクといえます。

しかし、実際の授業を参観すると、その意義や方法を十分教えることなく漫然と行われていることがよくあります。その結果、生徒たちは、教科書からいくつかの文をそのまま抜き出して読むだけになっていたり、情報を整理することなく副次的な情報まで詳しく含めて話したりする光景をよく見かけます。

リテリングとは、文字通り「再話」、すなわちテキストの内容を自分なりの方法で語る（to tell a story over again or in a new way）ということです。例えば、学校で先生から聞いた話を、家で「先生からこんな話を聞いた」と家の人に伝えるのがリテリングです。

リテリングをする場合、相手がテキストの大切な内容をすべて理解できるように、大切な要素を余さず伝えなくてはなりません。かといって、一字一句まったく同じように伝えようとするとテキストをそのまま覚えて伝える「暗唱」になってしまいます。リテリングは暗唱ではありません。「これは聞き手に話を理解してもらうためにはあまり大切でない」と判断すれば思い切って無視する、または簡単に伝えるようにすることが欠かせません。更に、伝える内容をテキスト通りでなく、聞き手が理解しやすいように整理し、自分の言葉で言い替えて伝える（in a new way）ことも求められます。そのためには、テキストについてしっかり解釈し、聞き手の理解しやすさに配慮して伝えることが求められます。**リテリングは単にテキストの情報をだらだら伝えるのではなく、分かりやすく伝える方法を「考える」ことによって初めて良いものとなります**。リテリングは単純なように見えて、極めて高度な活動なのです。

Jack was living in an apartment house. He bought a new car, but he did not have a garage. One day he went to a loan company and asked how much interest he would have to pay for a six-month loan of $100.

"Seven dollars," the manager of the company told him.

"That's fine," Jack said. "I'll take the loan, but I want to leave my new car here as security until I pay back the money which I borrowed."

The manager said that such security was not necessary, but the man said he should leave it there. The next day he talked about this to his girlfriend.

"They must think you're crazy," she said, "I've never heard of a man who leaves a new car with a loan company for six months just for a loan of $100."

"They probably think so, but this is very good for me. Tomorrow, I'm going to Europe for six months. Where else can I park my car for six months for only seven dollars?"

（山岡，2003［18］）

上の物語をリテリングする場合、大切な情報は次の点です。

1. Jack had no garage to park his new car.
2. He was going to Europe for six months.
3. He wondered where he should park his car while he was away.
4. He thought of the idea of leaving his car at a loan company as security of a 100 dollars' loan.
5. He was clever enough to pay only seven dollars' interest for his loan to park his car for six months.

これらの情報を必ず入れて自分の言葉で整理させます。

Jack bought a new car, but he didn't have a garage to park his car. When he was going to Europe for six months, he wondered where he should park his car during his absence. Then he went to a loan company and asked the manager how much interest he would have to pay for a six month loan of 100 dollars. He was told that he would have to pay seven dollars' in interest for that loan. He agreed to take the loan and pay the interest and then offered to leave his car as security for his loan. The manager said it was unnecessary, but Jack insisted he should. Later, Jack told his girlfriend about his clever idea of parking his car for six months for only seven dollars.

物語の主要部にとって重要でないこと、例えば、アパートに住んでいることなどは無視させます。6ヶ月ヨーロッパに行くことはテキストでは最後に出てきますが、聞き手に分かりやすいように最初の方で述べさせます。また、最後のガールフレンドに語った部分は会話ではなく地の文章で書かせます。Jackの考えたことを文脈から推測してwondered，thought ofなどの語を使ったり、during his absence，agreed，offered，insisted，a small loan，clever ideaなど、既習の表現であれば、極力テキストとは異なる言葉でテキストの内容を分かりやすく述べさせます。

リテリングは、上の例のように物語であれば非常にやりやすいのですが、すべての文章でうまくできるとは限りません。例えば、1つのカテゴリーにいくつもの要素があることを述べたリスティングタイプの文章や、細かいデータが多く含まれている説明文では、どこを拾い上げ切り捨てるのかが難しいものがあります。そのような文章については要約に切り替えるか、あえていずれも行わないことも選択肢に入れておくといいでしょう。

また、テキストの最初から順にリテリングをするのではなく、文章の概要を最初に伝えてから書かせたり、最後の結論の部分から語らせるなど、文章のタイプによって、教師が見通しを持って取り組ませることが大切です。

3.8.2 サマライゼーション（summarization）

サマライゼーションは「要約する」こと（to make a short statement giving only the main information about the text and not the details）です。話の内容の要点を簡潔に伝えることが求められるので、リテリングほど詳細な内容を伝える必要はありません。サマライゼーションで大切なことは、必要な情報を短く要約することです。そのためには、それぞれの情報が大切であるかそうでないかをリテリング以上にしっかり判断することが求められます。いかに「そぎ落とす」かという判断には、テキストの理解と情報の軽重を考える力が必要です。

ここでも、p. 51 の物語を例に取りましょう。絶対落としてはならない情報は次の点です。

Jack used a loan company as a parking lot for his car.

しかし、これではあまりに簡潔すぎるので、次の情報も必要です。

He borrowed 100 dollars from the company and promised to pay seven dollars' interest. Then he persuaded the manager to keep his car as security during his six months' absence.

この最低限の情報を盛り込んで要約してみましょう。

This is a story about a man who had no garage but managed to use a loan company as a parking lot for his car while he was away for six months. He borrowed 100 dollars from the company with an interest of seven dollars. Then he made the manager agree that he would leave the car there to secure his small loan.

この要約では最初に全体の大きなテーマを述べ、その後に具体的な説明をしています。要約では、このように最初に話のポイントをトピック・センテンスとして述べさせると分かりやすくなります。また、車が新車であることや、社長が「担保は必要ない」と言ったこと、ガールフレンドとの会話は詳細（details）と考えて除外させます。このように要点だけを簡潔に述べるのが要約です。もし1文で要約するとすれば、Jack was so clever as to use a loan company as his car's garage for six months with the interest payment of only seven dollars. くらいになるでしょう。

サマライゼーションの際は、語数制限を設けることをお勧めします。何語程度でまとめるかによって、情報の取り方や書き方が異なります。また、使うべき語や表現をあらかじめ与えておくこともいいでしょう。(これはリテリングでも同じです。)

生徒の学習状況を踏まえて、使わせる文法事項や構文を指定することも有効です。

3.8.3　パラグラフ・パターン・アプローチ

ここでは実際に生徒自身の力でエッセイを書かせる前に、パラグラフの構造や書く際の注意点などに気付かせるための初歩的な指導法を2つ紹介します。

パラグラフ・パターン・アプローチは、モデルパラグラフの構成を分析させ、それを模倣させる指導です。生徒に、日本語と異なる書き方を体得させ、パラグラフという概念をつかませるために、ライティング指導の初期には極めて有効です。

生徒に書かせるパラグラフは、構成だけでなく語彙や表現もモデルパラグラフと同じものを使える可能性が多いため、テーマは類似したものがよいでしょう。

まず、基礎的な指導例を示します。最初に、次のような表を完成させます。

指示：The Place I Traveled to というタイトルで英語の文章を書く準備として、下の表を完成させましょう。

① I took a trip to 　　　　　　　　　　.
② It's located in 　　　　　　　　　　.
③ It's famous because 　　　　　　　　　　.
④ Since I'm interested in 　　　　　　　　　　, I really wanted to visit [see, experience] 　　　　　　　　　　.
⑤ I also 　　　　　　　　　　 because 　　　　　　　　　　.

モデルパラグラフ

I took a trip to Hanamaki with my family during the summer vacation. The city is located in the middle of Iwate Prefecture. It is famous because Miyazawa Kenji, a great writer in the Meiji period, was born, lived and taught there. Since I'm interested in his poems and stories, I really wanted to visit his birthplace. I also enjoyed climbing Mt. Hayachine because I saw a lot of beautiful plants while I was there.

（山岡他，2017［19］）

この指導では、必要な情報をあらかじめ用意して、それをモデルパラグラフ内の情報に入れ替えれば１つのパラグラフが完成することになります。

次に、モデルパラグラフの構成を分析させてから、それと同じ構成で類似したテーマについてパラグラフを書かせる指導例を紹介します。テーマが似通っていても、必要とあれば生徒が使えそうな語彙や表現をある程度与えておくとより取り組みやすくなるでしょう。

モデルパラグラフ（ALT が日本語での失敗談を語る文章）

I like Japanese but I don't have a good command of it yet. Take what happened yesterday, for instance. When I saw the principal leaving school, I said, "gokurosama." He turned back, looking a little puzzled, and said "Otsukaresama." I wondered why, so later I discussed it with Ms. Yamada. She told me "gokurosama" is an expression used when talking to someone younger, meaning "Thanks for your work," and "otsukaresama" is used by anybody to mean the same thing. Both are often used when people part. I'm glad I learned about the usage of these expressions. I realized I still have a long way to go.

モデル文を分析する

1. Introduction
2. Japanese expression
3. Correct usage of the expression
4. Why it was misunderstood
5. Closing comment (What he learned and realized)

テーマ：日本語にまつわるあなた自身の失敗談や、他の人から聞いた失敗談、またそれから学んだことを英語で表現する。

ヒントとして挙げる語彙・表現

1. **Introduction**: a small vocabulary / have the wrong understanding / make a mistake / have a misunderstanding / have been learning for ... years / not familiar with / use ... in the wrong situation
2. **Japanese expression(s)**: すごい / 嬉しい / 超 / ヤバい / 見れる / 何もありませんが / つまらないものですが / 検討します / 行ってらっしゃい / ただいま / 全然 / まじ / 結構です / いいです
3. **Correct usage of the expression**: polite / rude / vague / indirect / outspoken / an ambiguous way of answering / use ... in the wrong way / cause misunderstanding / be taken differently
4. **Why it was misunderstood**: by mistake / offend [embarrass] the listener / make an apology for / blush / make a mistake / hurt one's feelings
5. **Closing comment (What you learned)**: the correct usage of ... / decided to learn more about ... / I'm determined to improve ...

（山岡他，2018［15］）

3.8.4　プロセス・ライティング

稲葉（2011）［20］によると、プロセス・ライティングとは「作品（product）を完成するまでの様々な過程（process）を重視するライティングの指導方法で、その過程に教師からのフィードバック（feedback）を導入することにより、下書きを修正しながら最終的な作品を完成させる指導」です。生徒は構想を練る作業（brainstorming）から始め、下書き（drafting）をしてからそれを読んでもらってコメントをもらい、それをもとに修正して作品を仕上げます。ライティングについて大切なことを理解させる意味で、導入期には欠かせない指導です。しかし、教師側にかなりの手間がかかりますので、まず50語くらいのパラグラフから始めてみましょう。

次は、What I Fear Most というタイトルで書かせた例です。（原文ママ）

What I fear most is the darkness. There are other fear things. It is a high place and an insect. Darkness is better than that. When I'm in the dark, my legs give up and I can't walk. That's why I will never enter a haunted house.

生徒のこの文章に対して、フィードバックを行います。その際、全体の構成（横糸）と文法や語句（縦糸）の両方を指摘するといいでしょう。なお、フィードバックについての詳細は、「第2部 4 フィードバックと評価」（p. 203）を参照してください。

1）フィードバック

横糸のフィードバック

全体に：2文目と3文目に「暗がり」以外に怖いものを書いていますが、これは、本題から内容的に外れていて、「暗がり」についての内容を中断しています。書くなら最初に書いてから、「しかし、暗がりほど怖いものはない」としてはどうですか。

縦糸のフィードバック

1文目：darkness に the をつけると、特定の「暗がり」になります。

2文目：fear は動詞なので、名詞の things の前に置くことはできません。「私が怖いものは他にもある」としましょう。

3文目：things を it で受けてもいいでしょうか。複数なのでその後も複数にしましょう。

4文目：Darkness is better than that. とすると、「暗がりの方がまし」という意味になってしまいます。that は何を受けるか考えてみましょう。

5文目：give up するのは人間であって、「足」は give up しません。

6文目：That's why ~ はうまい表現です。いつもの習慣なので未来表現はやめましょう。

フィードバックで大切なことは、生徒が正解にたどり着くヒントや、気付いていない点を指摘して学習を促すことです。すべて正す必要はありません。生徒の気付きにつながるフィードバックこそが大切です。

2）生徒の書き直し（原文ママ）

I have many things that I fear. I fear high places and insects. But I fear darkness worst. When I am in the dark, I feel weak at the knees. That's why I never enter a haunted house.

3）再フィードバック

1. 最初の 3 文を 1 文にしてみましょう。
2. fear という動詞を何度も使い過ぎです。be afraid of, feel scared of などを使い分けてみましょう。また「～を最も恐れる」は fear ~ (the) most です。
3. feel weak at the knees は調べて書いたのだと思いますが、もっと単純に考えて、「怖くてまったく動くことができない」のように表せば十分です。

4）生徒の最終作品

I have many things that I fear, such as high places and insects, but I feel most scared of darkness. When I'm in the dark, I cannot move at all. That's why I never enter a haunted house.

私たち日本人教員には、完全なフィードバックはできませんし、生徒が書いた最終作品が完璧かどうかの判断もできません。しかし、**生徒が学びながら自分が書いたものを改善し成長していく過程を見守ること**は、労力を掛けるに十分な価値があると思います。

最後に、筆者が実際に行ったプロセス・ライティングのハンドアウトを掲載します。トピックは初歩的なものではありませんが、指導過程をご理解いただけると思います。（生徒のライティングは省略します。）

次のテーマについて、下記の構成で120語程度の英文を書きましょう。

テーマ

日本人の英語力は世界的に極めて低く、国際的なコミュニケーションや外国とのビジネスで不利益を被ることが多くあります。そこで、英語を公用語にすべきだという意見があります。英語を公用語とするといっても、日本語を廃止するということではなく、インドのように公共放送や刊行物をすべて英語でも発行し、学校での英語教育を大幅に強化し、企業にも強く社内英語公用語化を促すというものです。いわば、英語を第二言語とするという考え方です。あなたはこの意見についてどう考えますか。

構成

1. 序論（命題について整理し前置きを書く）
2. 自分の意見（1文～2文）
3. 第1の理由・根拠（2文～3文）
4. 第2の理由・根拠（2文～3文）
5. 反証（異なる立場の意見を認めてから、それを打ち消す）（1文～2文）
6. 結論（1文～2文）完成までの過程

① 1～4までを5月24日に提出してください。

② 提出されたものについて、改善のためのフィードバックを5月31日に返します。それを参考にして書き直したうえ、5，6を新たに書き足して6月7日に提出してください。

③ 提出された作品についての2回目のフィードバックを6月14日に返すので、最終の作品を6月21日に提出してください。

なお、このように生徒のライティングを指導する時には、最後に教師のモデルを示すことを強くお勧めします。なかなか完璧な英文は書けませんが、書いたものをALTに添削してもらうなどして生徒に配布しましょう。生徒が、自分の表したかったことのより良い表現を発見することにもなり表現の定着にもつながりますし、何より教師自身のライティング力の伸びにつながります。

4　教科書を使った指導

4.1　はじめに

学習指導要領（2018［9］，p. 9）によると、「英語コミュニケーション」は、「**五つの領域**別の言語活動及び複数の領域を結び付けた統合的な言語活動を通して，五つの領域の総合的な指導を行う科目」とされています。すなわち、「読むこと」「聞くこと」「話すこと［やりとり］」「話すこと［発表］」「書くこと」のすべてを扱い、「聞いたり読んだりしたことの概要や要点を目的に応じて捉えたり，基本的な語句や文を使って情報や考え，気持ちなどを話して伝え合うやり取りを続けたり，論理性に注意して話したり書いたりして伝える又は伝え合うことなどができるようになること」を目標としています。

ところが、教科書の中心は読解素材であり、「聞くこと」「話すこと」「書くこと」の活動はレッスン末にまとめてあることが多く、授業の進め方によっては、軽く扱われたり、場合によってはほとんど顧みられなかったりすることもあると思われます。特に、書く活動に関しては、レッスンを終えた後に、テキストの内容に関して自分の考えなどを書くタスクがあるものの、授業の進度や教師の労力を考えると、読解指導ほど重要視されないことも多いのではないでしょうか。

「**論理・表現**」は「話すこと［やり取り］」，「話すこと［発表］」及び「書くこと」の3つの領域を中心とした発信能力の育成を強化する」科目であるため、「英語コミュニケーション」に比べると、比較的ライティングに充てられる時間が取りやすいと思われます。教科書でも丁寧にライティングのプロセスや方法を導くタスクが多くあります。しかし、どの教科書も各レッスンに文法や構文などの学習事項を盛り込んでおり、その解説や演習にかなりの力が注がれて、ライティングには十分手が回らないことが予想されます。

いずれにしても、ライティングは各レッスンが終わった後に長いものを書かせる指導になってしまっている点が問題といえるでしょう。もちろん、1レッスンの最後にそのテーマに沿ったライティングをさせることは非常に意義のあることですが、2～3週間に一度では、年間を通じて10回程度になってしまいます。更に毎回100語以上を書かせることが多いので、生徒の負担や教師の添削・フィードバックの労力も大きくなります。しかし、毎時間少しずつ書かせることによって、これらの問題も少なくなり、また、書いたことを蓄積して1レッスンの最後のライティングにつなげれば、より質の高いものを書かせることができるでしょう。この章では、実際の教科書を使って、ライティングの指導をする例をご紹介します。

4.2 「英語コミュニケーションⅠ」の教科書を使った指導

4.2.1 導入ページの写真や情報を活用する活動

各レッスンの最初には写真や図表などでそのレッスンの内容の予備知識を与えたり補足したりするページがよくあります。このようなイメージや情報について知っていること、感じること、分析できることなどについて書かせることによって、ウォームアップとしての書く訓練となり、スキーマを活性化することもできます。

使用教科書　*CROWN English Communication I*（三省堂）Lesson 8［21］

※著作権の関係により画像を掲載しておりません

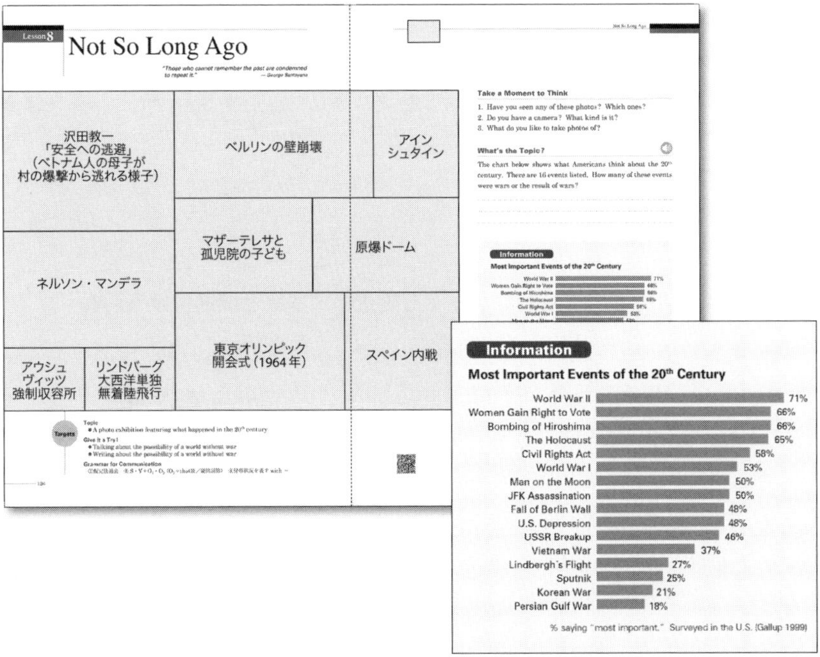

例 1　Write about a picture that you are familiar with in two sentences.

解答例
- A mother and her children are swimming across a river. They are getting away from the fires of war.
- This is a picture of the opening ceremony of the 1964 Tokyo Olympics. The Japanese athletes are marching in the National Stadium.
- Mother Teresa is holding a baby with a smile. She tried hard to help poor people all around the world.

例 2　Write about an event in the graph in one sentence.

解答例
- An atomic bomb was dropped on Hiroshima to kill people for the first time on August 6, 1945.
- American President John F. Kennedy was assassinated in Dallas in 1963.
- The Soviet Union launched the world's first artificial satellite Sputnik I in 1957.

指導の留意点

1. 人名や固有名詞の綴り、出来事の年代は事前に教えておく。
2. 書かせた後はペアで見せ合わせて、互いの英文を理解させる。
3. 何人かの英文を発表させ、教師は必要に応じて訂正する。訂正した英文は全生徒に書き留めさせる。
4. 生徒が多く書きそうな内容については、教師があらかじめモデルを用意する。

4.2.2　本文の指導例 1：身近なテーマを設定して本文と関連付ける活動

教科書本文の内容について英語で質問し、できる限り正確な英語で答えさせてみましょう。本文から直接答えが分かる**事実発問（fact-finding questions）**については口頭で答えさせてもいいと思いますが、解釈や意見を問う質問には、じっくり考えさせて書かせてみることをお勧めします。

A group of high school students is visiting a photo exhibition featuring the 20th century. A museum guide speaks to the students.

Today I'm going to take you back to the 20th century. It may seem to you like ancient history, but in fact, it really was not so long ago. The 300 photographs in this exhibition show us the history of the past century.

The 20th century was an age of great progress in science and communications. People's lives became richer and more comfortable. People achieved greater freedom and equality, and seemed to be closer to the dream of living a happy life.

But it was also an age of terrible wars, and tens of millions of people lost their lives. The photos here will show you what people like you and me went through in the 20th century. As you look at them, ask yourself: "How would you feel if these were photos of your own family and friends ?" Some will shock you; some may make you sad or angry. But they will also give you a message for our future. First of all, I would like to show you two photographs which are particularly important to us.

p. 128 の本文引用

例 1 Write about what has made our lives happier and more comfortable.

解答例 Airplanes have made our lives more comfortable. They have made it possible to travel much faster.

例 2 Write about how terrible wars will be for you.

解答例 Wars will be terrible for me because I may have to go to fight against people in another country.

指導の留意点

1. テーマはテキストの中から探し、できるだけ生徒自身の生活に関連したものとする。
2. 上例のように、文の一部(下線部以外の部分)を決めておくと取り組みやすい。
3. 書かせた後はペアで話し合わせるなど、発表させてコミュニケーション活動につなげる。
4. 多くの生徒が書きそうな内容については、教師があらかじめモデルを用意する。

4.2.3　本文の指導例2：本文に対して推論したり、意見を述べる活動

> This photograph was taken by an American photojournalist, Joe O'Donnell, in Nagasaki in 1945（ジョー・オダネル「焼き場に立つ少年」）. He spoke to a Japanese interviewer about this picture:
>
> "I saw a boy about 10 years old walking by. He was carrying a baby on his back. In those days in Japan, we often saw children playing with their little brothers or sisters on their backs, but this boy was clearly different. I could see that he had come to this place for a serious reason. He was wearing no shoes. His face was hard. The little head was tipped back as if the baby were fast asleep.
>
> "The boy stood there for 5 or 10 minutes. The men in white masks walked over to him and quietly began to take off the rope that was holding the baby. That is when I saw that the baby was already dead. The men held the body by the hands and feet and placed it on the fire.
>
> "The boy stood there straight without moving, watching the flames. He was biting his lower lip so hard that it shone with blood. The flame burned low like the sun going down. The boy turned around and walked silently away."
>
> Years later, O'Donnell said: "Children and their mothers did not deserve to die to win a war."
>
> p. 130 の本文引用

例1　Answer the following questions.

・What was the serious reason why this boy had come to this place?

・Why do you think the men in white masks didn't say anything?

・Why do you think the boy was biting his lower lip so hard?

例2　Do you agree with what Joe O'Donnell said: "Children and their mothers did not deserve to die to win a war." Answer yes or no, and add one more sentence.

指導の留意点

1. 例1は、本文から推論される内容を問う**推論発問**（**inferential questions**）や自分の考えを問う**評価発問**（**evaluative questions**）である。事実発問だけでなく、このような発問をライティング活動として取り入れることによって、

深く読み取る力をつけることもできる。

2. 例 2 を答えさせるにあたっては、innocent，civilians，victims などの語をあらかじめ学ばせて使わせることもできる。

4.2.4　レッスン終了後のライティング

レッスンの最後には、それまでの授業で書かせたライティングを参考にさせ、できればそのレッスンで学んだ文法事項や語彙・表現を使えるようなライティングをさせるといいでしょう。

例　Why are wars terrible? What would happen to you if a war broke out? Write in about 60 words.

指導の留意点

1. 戦争や環境問題など大きなテーマの解決法を問うと、生徒からは予定調和的な正論が出てしまうことがある。実際に自分の問題として考えさせることが望ましい。
2. 書かせた作品を提出させ（ファイル等で提出させると編集が楽である)、生徒の作品を修正せずに一覧にして配布し、他の生徒の作品を読ませる。それを批判的に理解させ、訂正できることがあればそれを指摘するように指示する。
3. 教師が、全生徒の作品を添削するのは非常に時間がかかるので、余裕がなければ、全体または個別にいくつかの点を指摘して、それをもとに書き直して提出させる程度で済ませても十分である。

4.3 「論理・表現Ⅰ」の教科書を使った指導

使用教科書　*Genius Logic and Expression I*（大修館書店）Unit 9［22］

この教科書では、各ユニットの最終ページ（Try It Out）で、ブレインストーミングなどの手順を踏んでスピーチやディスカッションなどの準備をさせ、最後にそれをもとにまとまったライティングができるように編集されています。このようなライティングタスクは積極的に活用するといいでしょう。

Try It Out に至るまでの各セクションも、最終のライティングに資するアイデアだけでなく文法事項、語彙・表現を提示していますが、ここでは、Try It Out 以外のセクションで簡単にできるライティングのアイデアをお示しします。

4.3.1 Page 1 指導例：サマライゼーション・1分間チャット

Model 1

Sara is talking with her teacher about her health condition.

Ms. Kudo: Are you feeling all right?
Sara: Not really. I want to sleep well, but I can't. So, I'm always tired.
Ms. Kudo: That's too bad. What do you do just before you go to sleep?
Sara: I'm always on my smartphone.
Ms. Kudo: Oh, really? That's not a very good thing to do. In order to get enough sleep, it's important to relax before bedtime. You should try not to use your eyes too much. Take a soothing bath or have something warm to drink.
Sara: I understand. It's necessary for me to change my routine. It's nice of you to care about me.

p. 52 の本文引用

例 1　Read Model 1. Summarize Sara's problem and Ms. Kudo's advice.

Sara went to talk with Ms. Kudo to get her advice. He problem was that ______________________ . Ms. Kudo advised her ______________________ .

例 2　Answer the question of One-Minute Chat.

Question: What do you do before going to bed?

I usually ______________________________ before going to bed. Sometimes I ______________________ . When I'm not sleepy, I ______________________ .

指導の留意点

1. モノローグだけでなく、ダイアローグもその内容の要点をまとめさせることができる。生徒が慣れないうちは、このように空所を埋めて完成させる形式をとるとよい。
2. 生徒同士の簡単なやりとりも、話をさせてから少し内容を増やして書く活動に結び付けることができる。

4.3.2　Page 2 指導例：習得すべき文法を使用した活動（不定詞の例）

Put It into Focus…不定詞 (1)

① 名詞的用法：文中で名詞の働きをして，主語・補語・目的語になる。
I want **to see** you again.　あなたにまた会いたい。

② 形容詞的用法〈名詞＋ to 不定詞〉：文中で形容詞の働きをする。
I have *a lot of work* **to finish** today.
私は今日のうちに終えなければならない仕事がたくさんある。

③ 副詞的用法：文中で副詞の働きをして，「目的」（→ ⑥ ）「感情の原因」「判断の根拠」などを表す。
She got up early **to catch** the first train.
彼女は始発電車に乗るために早く起きた。目的
I'm *happy* **to see** you and your family again.
あなたとあなたの家族に会えて嬉しい。感情の原因
She must be a genius **to be** able to solve this problem.
この問題を解くことができるとは彼女は天才にちがいない。判断の根拠

④ 否定：不定詞を否定するには，ふつう否定の副詞を to の直前に置く。
I promise **not to be** late again. もう二度と遅刻しないと約束します。

⑤ 意味上の主語：不定詞の表す動作や状態の主語にあたるもの（意味上の主語）は for ~ で表す。
It is important **for young people to understand** different cultures.
若者が異文化を理解することは大切だ。

⑥ in order to, so as to:「目的」の意味をはっきりと示す場合に使う。
In order to focus on studying, I turned off my smartphone.
私は勉強に集中するためにスマートフォンの電源を切った。

p. 53 の本文引用

例 Answer the following questions in one sentences.

e.g. Q: What do you want to do this summer?

A: I want to go to Tokyo Disneyland this summer. Now, I'm saving money to go there.

1. What have you decided not to do again?
2. What is important for you in order to stay healthy?
3. What club activities do you take part in? Why do you practice hard?

解答例 1. I have decided *not to be* late for school again.

2. It is important *for me to have* well-balanced diets in order to stay healthy.

3. I take part in table tennis club activities. I practice table tennis hard *in order to be* the top player of my team.

指導の留意点

1. このセクションは、Put It into Focus を学んだ後に行う文法理解とその演習である。習得すべき文法構造（ここでは不定詞 I want to ..., It is important to ..., in order to ...など）を使って自分のことを表現させる練習を取り入れたい。
2. 目標となる文法構造を使った 1 文に加え、付加的な情報をもう 1 文で書かせるとパラグラフへの意識が高まる。

4.3.3 Page 3 指導例：モデルパラグラフを活用した表現活動

Model 2

Emily is sharing some ideas about stress management during homeroom.

I heard that many Japanese high school students feel they're stressed out. Too much stress can damage our health. So, it's important to manage stress effectively. In my case, I usually try one of the following three things. First, I try to enjoy the outdoors. I ride my mountain bike or just take a walk to get fresh air. Second, I try to read a heartwarming story. It's a good way for me to forget my worries. Finally, I try to bake a blueberry pie. I'm happy when I'm in a kitchen. How do you manage stress?

p. 54 の本文引用

例 Write your own ways that you think is effective to manage stress by rewriting Emily's speech.

I hear that many Japanese high school students feel they're stressed out. Too much stress can damage our health. So, it's important to manage stress effectively. In my case, ______________________________ .

指導の留意点

1. モデルパラグラフをそのまま使って、後半で自分のことを書かせるタスクである。モデルパラグラフの表現や構文を使ってもよいこととして取り組ませる。
2. 最低 2 つの方法を書かせる。その際、First, Second, Finally などを適切に使わせる。

4.4　おわりに

「教科書を教えるのではなく教科書で教える」とよく言われます。教科書に添いながら、そこから使えそうな文法構造や表現を利用して、生徒の生活や関心に沿った簡単なテーマで、できるかぎり毎時間継続して短時間で書ける活動を導入することの方が、一気にたくさん書かせるよりはるかに効果があります。生徒が書くことに対する抵抗をなくし、書ける活動をルーティン化することにより、話すことはもちろん、英語学習全般への意欲を伸ばすことができるでしょう。教師の強い意志とイマジネーションで、生徒を **autonomous learners（自律的学習者）** にできる要となるのがライティング活動なのです。

第2部
具体的な指導案

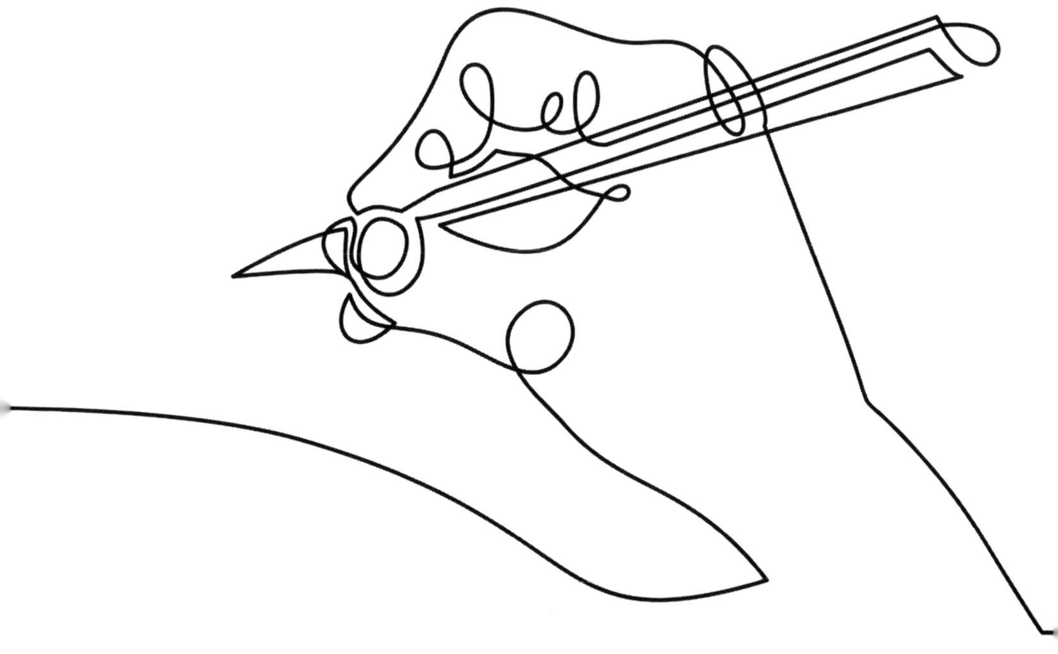

1　指導計画の立て方

1.1　年間指導計画への組み込み方

年間指導計画を立てる際に、どのようにライティング活動を組み込めばよいでしょうか。忙しい授業運営の中で、じっくり書く指導を行うことは難しいと思われるかもしれません。ライティングは書くのも教えるのも時間がかかるのは事実です。しかし、パラグラフの構造を教えたりモデル文を読ませたり、そして自分の頭で考えて書かせるライティング活動を取り入れるためには、ライティングだけを集中して教える授業を年間指導計画の中に位置付けることが重要です。もちろん学校の教育目的や実情に応じて、年に 1 回、2 回のライティング授業を捻出するのがせいぜいだという場合も、もっと頻繁に行うことのできる場合もあるでしょう。しかし、年間指導計画の中にライティング授業をまったく位置付けなければ、生徒が、1 年間に自分の考えを英語で書く経験がゼロという事態になるかもしれません。是非、学校の実情に合わせながらも「書かせるためだけの授業」を年間指導計画の中に位置付けてください。

もし、ここまで読まれて、ライティング集中授業に取り組んでみようと思われたら、考えるべきことが 2 つあります。その 1 つは、ライティング指導を「英語コミュニケーション」で扱うのか、「論理・表現」で扱うのかです。もちろん、ライティングは他のスキルと関連して、どちらの科目でも指導すべきことです。しかし、そこまでの余裕がないという場合には、どちらの科目にライティング集中授業を位置付けるかを最初に決めておくとよいでしょう。学校によっては、これら 2 科目を違う教員が担当する場合もありますので、そのような場合にはそれぞれの教員が事前によく話し合って、指導目標と計画を共有しておくと指導効果が高められます。どちらの科目で取り入れるかを迷うことになったら、教えやすいほう、そして教科書と関連付けられるほうを選ぶとよいでしょう。

その次に考えることは、何回の授業をライティング集中授業にするかということです。初めてやってみる場合、特にいわゆるプロセス・ライティング（「第 1 部　2.2 プロセス・ライティング」p. 17 参照）を取り入れる場合には、例えば年間 2 回の授業をライティングにあてることからスタートすると無理なく導入ができるでしょう。

表 1：ライティング授業を 2 時間行う場合の内容

授業	内容
1 回目	モデル文提示、課題を説明、ブレインストーミング
宿題	ライティング提出
2 回目	提出されたライティングについてのフィードバック
宿題	修正提出

もし、書く前の考えの整理や関連資料を調べさせたりしたい場合、3 回授業を行うことが望ましいでしょう。

表 2：ライティング授業を 3 時間行う場合の内容

授業	内容
1 回目	モデル文提示、課題を説明、ブレインストーミング
宿題	アウトライン、マインドマップ
2 回目	アウトライン、マインドマップのディスカッション、資料検索、参考になる語彙、文型の提示
宿題	ライティング提出
3 回目	提出されたライティングについてのフィードバック
	修正提出

このようなライティング集中授業を行うと、生徒は、自分が学んだ文法事項を駆使して自分の言いたいことを伝えるという、生きた文法を体験することになります。また、普段の授業で英文を読む際には、パラグラフ構造の知識を使って、クリティカルな視点で英文を分析的に読むことができるようになります。このように、ライティング指導を意識的に取り入れることは、文法やリーディングにおいても相乗効果が期待できます。英語に力を入れている学校やコースでは、授業数や指導目標に応じてライティング指導を取り入れてください。

最後に、1 年間のどのタイミングでライティング授業を行うかですが、関連付けられる教科書の題材を扱っている時点で組み込むとよいでしょう。他のスキルと連動させ、深く考えさせることができます。それ以外には、筆者が高校の先生方と共同研究を行った経験からは、定期試験の直後や大きな学校行事の後などが入れやすいようです。あるいはスピーチコンテストやディベートなどの活動の前後に取り入れると書くことの動機付けにもなります。1 回目の授業と 2 回目の授業との間には生徒の作品を読んだり添削したりする時間が必要となり、補助をしてくれる ALT がいる場合はそのようなスタッフとも相談して計画を立てるとよいでしょう。

1.2　教科書との関連付け

使用している教科書と何らかの関連付けを行うと、生徒の興味を喚起し、既習事項の確認にもつながります。次に科目ごとにどのように関連付けられるかを見ていきましょう。

まず、「英語コミュニケーション」では、リーディング教材の中からモデル文を見つけることができます。教科書によっては段落構成やパラグラフ・ライティングを紹介しているシリーズもありますので、そういう場合には、是非その箇所を丁寧に使用してください。そのような箇所がない場合には、英文本文の中で段落構成や論理展開を教えるのに適した箇所を選び、モデル文として使用します。教科書の英文は語彙や文型、語数などの制約の中で作られているため、ライティングのモデルとして完璧に適している英文は見つけづらいかもしれません。しかし意見文、例示、物語、比較、紹介文などの論理展開はどの教科書にも取り入れられていますから、指導したいライティング活動に類似した、あるいは関連した文を探して使用します。

次に、「英語コミュニケーション」では、様々なトピックと豊富な情報が入っていますので、それらを利用してライティングに結び付けることができます。例えばサマリー・ライティングをさせたい場合には、1 つのレッスンの全部、あるいは一部を選んで英語で要約させることができます。その際、本文の表現をなるべく自分の言葉で言い換えるように指導します。あるいは本文について意見を述べたり、本文の登場人物に手紙を出したりなどのライティング活動を取り入れることができます。教科書によっては、単元ごとに何らかのスピーキングやライティングのタスクが提案されているものもあるでしょう。そのようなタスクを 1 つ選んで、丁寧に指導します。大事なのは、タスクに段階的な足場掛け（scaffolding）をして指導することです。アウトライン作成や資料提供、ペアやグループワークの指示などを取り入れた指導案を準備します。忙しい教育現場で、各章にそのような活動を取り入れるのは難しいかもしれません。生徒の興味や実情に応じて、学期ごとに一度でもそのようなライティング活動を行うと、生徒がライティングを身近に感じるのではないでしょうか。

さて「論理・表現」ではどうでしょうか。こちらは、教科書によりますが、パラグラフ・ライティングの方法が示されていたり、自分で考えて書く何らかの活動が入っていることが多いので、それらを利用します。教科書では書く分量が例えば3文、あるいは80語などと指定されていることがあります。これは生徒にとってはどのぐらい書けばよいかが明確となり、教員の観点からは、添削や評価の際には助かります。しかし、語数を多く書くことは**流暢さ (fluency)** の向上にもつながりますから、本来はなるべく多く書いたほうがよいのです。章末タスクの中から1つを取り上げて、語数にはとらわれずに、1つの段落に発展させる活動を行うと、より深く考えて、より多く書く活動を行うことができます。教科書と関連付けてどのようにライティング指導を行うかは、「第1部 4 教科書を使った指導」(p.60) を参照してください。

1.3　帯活動としてのライティング活動

これまでにライティング集中授業を設定する場合のヒントを書いてきました。ここではそれ以外に、授業の一部分を割いてライティングを行う活動について紹介します。帯活動として、毎回、あるいは定期的に授業の中の短時間を割いてライティング活動を行うこともできます。この教育目的は、書くことそのものに楽しみや親しみを感じてもらうことです。例えば授業中5分などと時間を設定して週末に行ったこと、休みの予定、部活、学校行事などについて書いたり、あるいは教科書の内容についての自分の感想や意見を書きっぱなしにして時々ノートを提出させたりします。オンライン環境がある場合にはフォーラムなどでコメントをあげるのもよいでしょう。この場合、スペルや文法などについてはあまり添削せず、評価に入れるとすれば、提出したかどうかだけにします。あるいはスポーツや趣味、料理など身の回りのことでもよいでしょう。一方、他の人が途中まで書いたストーリーの続きを書くなどの**クリエイティブ・ライティング**も試してみてください。ペアやグループでの活動は英語ライティングの環境作りになります。英文の構造が定着していない、あるいは英語に苦手意識がある生徒にとっては、段落を学習する前に、英語の簡単な文章を書けるレベルには達している必要があります。しかし文法問題だけでそれを行うのは苦行になるので、自分が書きたいことを英語で表現できる成功経験を少しでも積ませたいところです。

1.4　年間指導計画（本書で取り上げる指導導入例）

パラグラフ・タイプ/エッセイ	Beginner			
	高校 1 年			
	1 学期	2 学期	3 学期	1 学期
叙述文 Narrative	**センテンスレベルの指導** 本文 p. 83 タスク p. 2	**パラグラフの指導** 個人的な過去の体験を書く 本文 p. 84 タスク p. 4	**パラグラフの指導** 思い出に残るような体験・経験を書く 本文 p. 88 タスク p. 8	
描写文 Descriptive	**センテンスレベルの指導**（人物） 本文 p. 91 タスク p. 12	**センテンスレベルの指導**（物・場所） 本文 p. 92 タスク p. 12	**パラグラフの指導** 自分の大好きな物を描写する 本文 p. 93 タスク p. 14, 18	
説明文 **（リスティング）** Expository Listing	**センテンスレベルの指導** 本文 p. 97 / タスク p. 22 リスティングパラグラフの理解を助けるタスク 本文 p. 102 / タスク p. 28	**パラグラフの指導** 個人的な体験や意見などを書く 本文 p. 98	**パラグラフの指導** 客観的な説明を書く 本文 p. 100 タスク p. 24	
説明文 **（比較・対照）** Expository Compare and Contrast		**センテンスレベルの指導** 本文 p. 107 タスク p. 30	**パラグラフの指導** （身近なテーマ） 本文 p. 109 タスク p. 32	**パラグラフの指導** （身近なテーマ） 本文 p. 112 タスク p. 36
説明文 **（原因・結果）** Expository Cause and Effect			**センテンスレベルの指導** 本文 p. 122 タスク p. 40 **センテンスから パラグラフの指導** タスク p. 44	**パラグラフの指導** Effect パラグラフを書く ①（身近なテーマ） 本文 p. 124 タスク p. 50
説明文 **（問題・解決）** Expository Problem and Solution				**センテンスレベルの指導** 本文 p. 141 タスク p. 54
意見文 Opinion			**センテンスレベルの指導** （自分の意見 1 ～ 2 文） 本文 p. 156 タスク p. 70	**パラグラフの指導** 「～するなら何がいい?」意見文を書く 本文 p. 158
論証文 **Argumentative**				

Intermediate		Advanced		
高校 2 年		高校 3 年		
2 学期	3 学期	1 学期	2 学期	3 学期
エッセイの指導 本文 p. 103				
エッセイの指導 （パラグラフから エッセイに展開） Block style 本文 p. 116	**エッセイの指導** （パラグラフから エッセイに展開） Point by Point style 本文 p. 116			
パラグラフの指導 Cause パラグラフを 書く①（身近なテーマ） 本文 p. 131	**パラグラフの指導** Effect パラグラフを書く② Cause パラグラフを書く② （社会的なテーマ） 本文 p. 128, 133	**エッセイの指導** Cause and Effect エッセイを書く 本文 p. 135	**エッセイの指導** Cause and Effect エッセイを書く （社会的なテーマ） 本文 p. 135 の発展	
パラグラフの指導 Problem パラグラフ を書く（身近なテーマ） 本文 p. 142 タスク p. 58	**パラグラフの指導** Solution パラグラフ を書く（身近なテーマ） 本文 p. 147 タスク p. 64	**エッセイの指導** Problem-Solution エッセイを書く （身近なテーマ） 本文 p. 149	**エッセイの指導** Problem-Solution エッセイを書く （社会的なテーマ） 本文 p. 149 の発展	
パラグラフの指導 2 つを比較してどちらが よいかを決める意見文 を書く 本文 p. 161 タスク p. 72	**パラグラフの指導** （テーマに対する意見文） タスク p. 76	**エッセイの指導** （パラグラフから エッセイに展開） 本文 p. 163		
		論証文の準備 Brainstorming: テーマ選びとリサーチ 本文 p. 168 タスク p. 80	Outlining から Paragraph 本文 p. 168	Paragraph から Essay 本文 p. 174

2　パラグラフ・ライティングからエッセイへ

2.1　本章の概説とライティング指導のポイント

本章では、これまでのライティング理論や指導の考え方をもとに、実際にライティングを授業で実践する手順を紹介しています。ここで扱うのは、筆者らが高等学校の段階で身につけてほしいと考えている最も基本的な4つのジャンル ① 叙述文、② 描写文、③ 説明文、④ 意見文・論証文です。この中で、③ 説明文に関しては、Listing（リスト化する）、Compare and Contrast（比較する）、Cause and Effect（原因と結果を説明する）、Problem and Solution（問題と解決策を説明する）を取り上げています。英語の習熟度を考慮して、徐々に難しいジャンルに挑戦できるような並びになっています。ライティング指導を導入し始めた段階では、叙述文や描写文が適していますが、書くことに慣れてきたら説明文、意見文そして難易度の高い論証文にも取り組んでみてください。

また、各ジャンルは、数センテンスから始めるセンテンスレベル、パラグラフ、そしてエッセイの順番で書き方の指導を説明しています。これは、書かれたものの成り立ち（図6）に沿って指導できるようにと考えてのことです。つまり、2～3センテンスで書いたものに、トピック・センテンス、サポーティング・センテンスなどの要素を意識させることでパラグラフとなり、パラグラフが集まってエッセイになる、それぞれの段階を少しずつ積み重ねていくという考え方です。これも習熟度に応じて取り組んでください。すべてのジャンルでエッセイまで書くのは相当ハードルが高いものです。本章でも、叙述文、描写文はパラグラフレベルまでの指導で、むしろ自由に書かせることを重視しています。説明文、意見文、そして論証文は、最終段階でエッセイが書けるようになることを期待して、超高校生級のサンプル・エッセイを記載していますが、指導計画の中で時間を取って、ぜひ1つは取り組んでほしい課題です。

指導手順は、プロセス・ライティングを踏襲し、Step 1: Brainstorming（アイデアを出す）→ Step 2: Outlining（アイデアをアウトライン化する）→ Step 3: Writing a paragraph/an essay（パラグラフを書く、またはエッセイを書く）の順番です。この手順どおりに指導すると「サンプル・パラグラフ／エッセイ」になるという流れで記載しています。これらの指導のすべてを、1回の授業でできない場合は、Step 1 だけを行い、アウトラインは宿題にするなど、臨機応変に取り組んでみてください。また、アウトライン段階でピア・フィードバックを入れる、書いたものをクラスメートに紹介するなどの発話活動を柔軟に入れて、ライティング活動が楽しくなるようにしてみてください。

本章の付録として、「これだけは授業で行いたいタスク Best 3」を三修社ホームページに載せています。本章に書かれた指導方法をベースに、各ジャンルのセンテンスレベル、パラグラフ、エッセイのタスクを用意しています。指導手順と明日の授業ですぐに使えるハンドアウト付きです。ダウンロードが可能で、A4 サイズでそのまま印刷してお使いいただけます。ぜひご活用ください。

https://www.sanshusha.co.jp/np/isbn/9784384060584/

画面下部にある「お知らせ／関連情報・記事」コーナーのリンクよりダウンロードください（パスワードは **06sS05y8**）。

図 6：ライティング展開イメージ

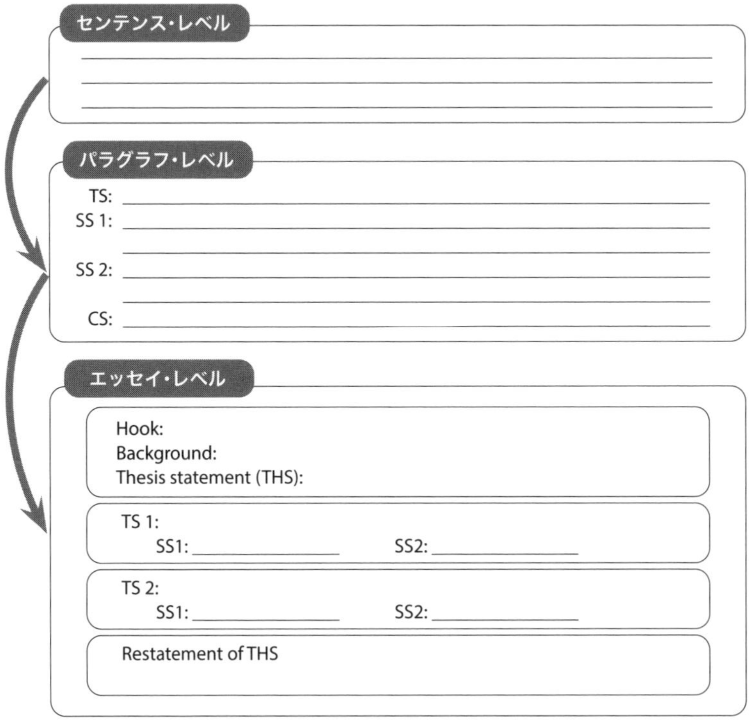

2.2　ライティング指導のポイント

さて、実践に移る前に、ライティング指導のポイントを 6 点挙げておきます。

1）ライティング活動の目標を設定しましょう

文法・文構造重視のライティングか、内容重視のライティングかによって目標が異なります。前者の場合は、最初に特定の文法事項を指定して書かせますが、後者の場合はそれを指定せず、書いている途中で生徒が多く使用している文法項目や間違いなどを取り上げて説明します。

2）パラグラフ・タイプを決めましょう

どのタイプのパラグラフを書かせるかを最初に決めておきます。そして、パラグラフ・タイプに応じた論理構成やつなぎ言葉を意識して書かせます。生徒の習熟度に応じて負荷の低いタイプ（叙述文、描写文）から始め、書くことに慣れてきたら意見文・論証文にチャレンジするなど、段階を追って指導することが重要です。また、パラグラフが難しい場合は、3 文程度で楽しく書かせることから始めましょう。

3）生徒が書きたいと思える、情報量の多いテーマを選びましょう

生徒の書きたい意欲をかき立てるようなテーマを選びましょう。最初から意見を求めるような難しいテーマを与えると、ライティング嫌いになってしまいます。先行研究でもライティングに苦手意識を持つ生徒が多いことが報告されていますが、発話活動と比較して、ライティングは楽しくないと思われがちのようです。教科書のテーマをベースに、生徒が興味を持ちそうな話題や楽しい話題を提供しましょう。

4）読み手・場面を設定して、書く目的を明確にしましょう

書くことはコミュニケーションですから、伝える相手＝読み手や、使う場面に適した様式で書かせます。お薦めの場所を読み手に伝える場合は、描写文を基本として「そこを訪れると感動する（You will be impressed if you visit ~.）」「その場所に行くことを強く勧める（I recommend you will visit ~）」などの表現を入れることを設定すると、読み手を意識して書くようになります。

5）教師がモデル文を示しましょう

ジャンルの指導では、目標とするモデル文を最初に示して、修辞的・言語的な特徴を生徒と議論するのがよいとされています。最初はモデル文に倣う書き方をして「型」に習熟させることから始めましょう。学習指導要領にも記載されているように、最初はモデルや使用する語彙をなるべく多く与えて足場掛け（scaffolding）を手厚くして、生徒が慣れてきた段階で徐々に外していきます。

6）アウトプット活動と結びつけましょう

ライティング活動は他の活動と相性が良いといわれています。例えば、モデル文をリスニングで内容を理解させてから書かせる、読んだ内容の理解を深めるために要約文を書かせるといった活動ができます。特に、スピーキング活動と結び付けると英語での発信力が高まります。平易なテーマは話させてから書かせる（fluency から accuracy を高める）、難しいテーマは書いてから話したり議論させる（accuracy から fluency を高める）のがよいでしょう。このようにライティングを他の技能と組み合わせることで、4 技能をバランスよく伸ばすことができます。

2.3　Narrative Writing
叙述文：物語のように起こった出来事を書く

1　叙述文とは何か？

1.1　説明と指導目標

休日や夏休みなどにした過去の体験や、印象に残った経験などを時間軸に沿って記述する文章を「叙述文(narrative)」と呼びます。教科書でまず最初に扱うライティングタスクは、大抵この叙述文ではないでしょうか。それは自分が体験したことは主観的に書けるため、ライティング導入時に適しているからです。しかし、叙述文の範疇は広く主に以下の 4 つがあり、伝記や歴史的記述も含まれます。伝記は、教科書に登場した人物の記録として、また歴史的事件を時系列に整理して、教科書の単元のまとめとして書かせることもできます。

表 3：叙述文の種類

種類	目的	トピック例や授業案
個人的な体験 **(Personal recount)**	過去にあった個人的な経験を詳述する	“Our school trip to Hiroshima” “My holiday in Australia”
過去の出来事 **(Factual recount)**	過去にあった事実や事件について詳述する	A class newspaper article involving recent events
伝記 **(Autobiography or Biography)**	有名な人物の生涯やある時点での活動について述べる	A significant event from someone’s life (e.g., A life story of Anne Frank)
歴史的な出来事 **(Historical accounts)**	歴史上の事実や事件を詳述する	A significant event in the world or Japanese history (e.g., How WW Ⅱ broke out)

したことや、起こったことを時系列で書く文章であるため、能動的な動詞が多く、時制は過去です。また、順序や時間を表す表現（表 4，p. 84）を使います。自分の体験を述べる場合は、一人称が多く、また伝記など客観的に記述する場合は、he, she などの三人称を使うことが多くなります。更に、詳細な場面を書く時には、描写文に近いものになることもあります。

1.2　叙述文パラグラフの構成

図7は、叙述文の代表的なパラグラフ構成です。生徒個人または有名な人物の体験や出来事を時間軸を追うようにして書くこと、しかも起こった事実をできるだけ詳細に書くことが期待されます。

図7：叙述文パラグラフの構造

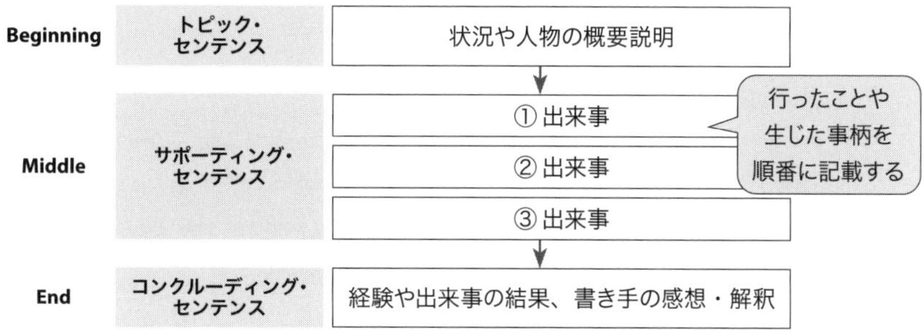

2　センテンスレベルの指導

まずは動詞の過去形がしっかり使えるようになることが第一歩ですので、5W1Hクエスチョンに答える形で過去形の文が言えて、書けるように指導しましょう。ペアで過去の体験を聞き合う活動にして、「その次に何をしたの？」と順を追って質問させるようにします。

(質問例)

・What did you do last weekend/last summer/during winter holidays?

・Who did you go with?

・Where did you go?

・What did you do there?

・Why did you do that?

・What did you do next?

・How did you feel after that?

口頭で練習をしたら、2～3センテンスの文章にします。その際に、時を表すつなぎ言葉を使うようにさせます。感じたことやその経験の感想を最後に書いてまとめます。

表4　順序や時間を表す接続詞・接続副詞

first, second, then, finally, after that, next, meanwhile, later, before, after, until, when, while, as soon as, since

センテンスレベル・サンプル1

I went to Hokkaido with my family during summer vacation. **First,** I went to Asahiyama Zoo and saw red pandas there. **Next,** I took a cruise down Otaru Canal. The view of the city was very beautiful. I **also** ate a seafood rice bowl at night. It was delicious. I enjoyed the trip to Hokkaido very much.

センテンスレベル・サンプル2

I went to the concert of my favorite artist, Yonezu Kenshi this summer. I had waited for this event for a long time because his live tour in 2020 was canceled by the corona pandemic. At the concert, I could not see him **at first**. **Then** he suddenly appeared on the stage. **When** he started to sing his hit songs, I was so excited. Many people around me started to sing with him. I enjoyed the concert so much. I want to go to his live concert again.

3　パラグラフの指導

センテンスレベルで過去の体験を書けるようになったら、パラグラフに挑戦します。ここでは、2種類の個人的な体験を書く指導例を紹介します。

3.1 個人的な過去の体験を書く

目標

夏休みなどにしたことや、修学旅行などの体験を書く場合がこれに当たります。ここではお祭りに行った体験をパラグラフで書けるようになるのが目標です。

指導の流れと留意点

日本の三大祭といわれている京都の祇園祭に行った時の体験を書きます。導入段階では、p. 86 のサンプル・パラグラフ 1 のように数行程度でまとめる指導から始め、内容を数センテンス追加するだけでもサンプル・パラグラフ 2 のように 100 ワードを超えるパラグラフに展開できます。では、指導の手順です。

指導手順

Step 1　Brainstorming

まず、誰（Who）と、いつ（When）、どこで（Where）、何を（What）したのか、見たのか、どう思ったのか（How）の 5W1H クエスチョンでブレインストーミングして、書く内容を引き出します。以下のような質問例が考えられます。

・What is the name of the festival?

・Where/When was it held?

・Who did you go with? I went with ~.

・What did you watch/hear/eat/do there?

Step 2　Outlining

Step 1 の質問の答えを時系列に整理します。ここでは、トピック・センテンス I had a good time at (in) ~ から書き始め、コンクルーディング・センテンス I will never forget the time I went to ~ で終わるように指定します。

トピック・センテンス

I had a good time at Gion Festival.

サポーティング・センテンス

①「友人と四条烏丸駅に行った。」

My friends and I went to Karasuma Station in Kyoto in the early evening of July 16th.

↓

②「祇園祭りのお囃子が聞こえてきた。」

We could hear the music of Gion Festival playing.

↓

③「四条通りにたくさんの山鉾が立っているのを見た。」

We walked down Shijyo Street and saw many beautiful floats.

↓

④「通りの店でイカ焼きを食べた。」

We also ate ikayaki or baked squid on a stick.

コンクルーディング・センテンス

I will never forget the time I went to Gion Festival.

Step 3　**Writing a paragraph**

Step 2 のセンテンスを「順序や時間を表す接続詞・接続副詞」（表 4，p. 84）でつなげます。あらかじめ提示（板書）しておき、適宜選ばせるのもよいでしょう。最初や最後の 1 文や、鍵となる表現を提供しておき、それに続く形で英作文させることから始めると書きやすいでしょう。書いた英文は、ペアやグループで紹介し合う発話活動にしましょう。

サンプル・パラグラフ 1

Japanese Festivals Are Fun

I had a good time at Gion Festival. ① My friends and I went to Karasuma Station in Kyoto in the early evening of July 16th. ② As we came up the stairs, we could hear the music of Gion Festival playing. It was a relaxing sound. ③ We walked down Shijyo Street and saw many beautiful floats. ④ We also stopped and ate ikayaki or baked squid on a stick. *I will never forget the time I went to Gion Festival.*

(78 words)

100 ワードを超えるパラグラフを書かせたい時には、経験した内容（聞いたこと、見たこと、食べたこと、したことなど）を更に詳細に説明する 1 文を ① 〜 ④ に加えます。サンプル・パラグラフ 2 の波線の部分がそれに当たります。例えば、② にお囃子を演奏していた楽器や、③ に浴衣を着ている人が多かったことなどが追加されています。また ⑤「日が暮れて、山鉾の提灯が点灯する様子」は新しい情報です。

サンプル・パラグラフ 2

Japanese Festivals Are Fun

I had a good time at Gion Festival. ① My friends and I went to Karasuma station in Kyoto in the early evening of July 16th. ② As we came up the stairs from the station, we could hear the music of Gion Festival playing. The sound of the taiko drums, Japanese flutes, and gongs was very relaxing, but they made the place exciting. ③ As we walked down Shijyo Street, we saw many beautiful floats. We also saw many people wearing yukata with summer designs on them. ④ There were also many shops selling summer foods. My friends and I stopped at one place and got some ikayaki or baked squid on a stick. After eating ikayaki, we felt hot, so we bought some kakigori or shaved ice to cool ourselves down. ⑤ As the sun set, lanterns on the floats started to light up, which made the area look wonderful. *I will never forget the time I went to Gion Festival.* (157 words)

注：下線 ＝トピック・センテンス
丸数字 ＝サポーティング・センテンス
イタリック体 ＝コンクルーディング・センテンス

3.2　思い出に残るような体験・経験を書く

目標

人生の思い出に残るようなすばらしい出来事や経験、または苦労した体験など特定の経験に焦点を当てて、そこから学んだことを結論にする叙述文を書けるようになることを目標とします。「3.1　個人的な過去の体験を書く」(p. 85) よりも、ある特定の事件や瞬間の出来事に焦点を当てて、読者に共感を得るような情感豊かな記述にします。

指導の流れと留意点

The Most Memorable Experience [Day] You Have Ever Had（これまでにあった最も思い出に残る経験もしくは最も思い出に残る日）という題名で書きます。基本的には「3.1　個人的な過去の体験を書く」と同じ手順です。先と異なるのは、体験を時系列に記述しますが、その時々の気持ちや感情を入れて、読者の関心を喚起することと、コンクルーディング・センテンスに経験から得た学びを入れることです。

指導手順

Step 1　Brainstorming

まず、5W1H クエスチョンで、思い出に残る経験について引き出します。その際にどのような気持ちになったか、どのような学びがあったかなどについても以下のような表を使って、具体的に書けるようにします。

The most memorable event	Your feeling
・What happened? ・Where did it happen? ・Who were you with? ・What happened next? ・What did you learn from this experience?	How did you feel? (Were you surprised/happy/afraid/sad?)
Your answer:	Your answer:

Step 2　Outlining

Step 1の表の答えをセンテンスで答えるようにして、時系列に並べます。トピック・センテンスに The most memorable experience that I have had was the time when (I spent with my grandmother in my childhood.）などの書き出しを与えたり、コンクルーディング・センテンスは、What I learned from this experience was (friendship, etc.) や、~ was a precious experience I will never forget. などに続くように指定しておくこともできます。

Step 3　Writing a paragraph

順序や時間を表す接続詞を入れて（「表4　順序や時間を表す接続詞・接続副詞」p. 84参照)、感じたことを織り交ぜながら読者がまるでその場にいるかのように臨場感豊かに書いていきます。以下のサンプル・パラグラフ3は筆者の学生が書いた課題を修正したものです。

サンプル・パラグラフ 3

The Most Memorable Day of My Life

I had the most memorable day in the summer swimming camp when I was a high school student. The swimming club I belonged to held a three-day training camp during the summer vacation. **After** swimming all day long, I was very tired, so I did not want to swim any more. However, **the next day**, I had to swim 1,500 meters. **When** I got to the pool, I checked the water temperature, and it was 32℃ , which was too hot. However, I dived into the pool and started swimming. **While** swimming, I felt as if I was swimming in a hot spring. **Finally,** I managed to swim 1,500 meters thanks to my coach cheering me on. **When** I finished swimming, I felt a sense of accomplishment. *I will never forget the day I swam 1,500 meters.*

水泳部の夏の合宿で、初日に一日中泳いで疲れていたのに、2日目に、1,500メートルを泳がなければならなかったという経験が、時間を表すつなぎ言葉を用いて時系列に書かれています。1,500メートルを泳ぐ前の躊躇と泳ぎきった後の達成感がリアルに伝わってきます。

2.4　Descriptive Writing
描写文：いきいきと目に浮かぶように詳しく書く

1　描写文とは何か？

説明と指導目標

何かの状態や様子を詳しく書き表す文章を「描写文（descriptive）」と呼びます。人、物、場所などの様子がいきいきと目に浮かぶように描写される文です。描写文では、書き手の表現したいことが読み手に正確に伝わることが重要なので、外見、所作、事象、風景、感情などを表現する多くの語彙や言い回しを学習し、丁寧に書けるようになることが目標です。例えば、「見知らぬ犬が僕の後をついてきた」という文章も、「見知らぬ小さな白い犬がうれしそうについてきた」のか、「見知らぬ歳とった茶色の犬がゆっくりとついてきた」のかでは、ずいぶんと文章の雰囲気が変わるでしょう。様子を詳しく描写することで、その状況が目に浮かぶようにしましょう。

具体的な指導目標としては、

1）五感を表す動詞（look, hear, taste, smell, touch/feel）や五感を使った表現などで多様な文章を書けるようにしましょう。外見だけでなくその様子や状態をより的確に伝えられるようにします。

2）いきいきとした描写をするために、外見を表す形容詞や、動作を修飾する副詞、また「まるで〜のような（like ~, as if ~)」といった比喩表現や「〜と同じくらい（〜とは違って）（as ~ as, unlike ~)」などの比較表現を使えるようにします。

3）詳しい説明を加える場合、関係代名詞（who, which, that など）を使えるようにしましょう。これらの文法理解が不足している場合は書く前にしっかり確認してください。いろいろな状態を表現できる形容詞を学習することも描写力をつけることになります。語彙を増やすために積極的に辞書や類語辞典を使用することを生徒に勧めましょう。

2　センテンスレベルの指導

ここでは、人、物、場所のテーマについて、詳しく描写するためのモデル文を示し、それぞれを表すのにどのような単語や表現があるのかを解説していきます。

2.1　人：People

人を描写する場合、その人の外見の特徴（体つき、髪の色や様子など）、身につけている物、その人の所作、性格などの情報を入れて詳しく説明します。そうすると人物をイメージしやすくなります。文章を読んだ時に、その人の似顔絵が描けるくらいに詳しく書くことができるようにしたいものです。人を描写する時には、その情報を受け取る人が不快にならないように配慮しましょう。そのためにも適切な語彙や表現を学習することが重要です。

センテンスレベル・サンプル 1

- He is tall and skinny.
- He is as tall as the big bookcase in his room.
- She has dark brown eyes.
- Her black hair is straight and long.
- John is a reliable person.

人を描写する時によく使われる単語

外見	体つき	tall, short, skinny, slender, petite
	髪の毛	black, brown, curly, straight, long, short, wavy
	目の色 , 形	black, brown, dark, narrow, round
	顔の形や特徴	oval, round, square, mustache, beard
態度や様子	kind, generous, strong, reliable, trustworthy, clever, friendly, modest, thoughtful, funny, cold, lazy, loud, moody, nervous, quiet	

2.2　物：Things

物について詳しく描写する時は、その物の形状（色、大きさ、材質、質感）などの見た目の特徴を描写します。使用する語彙は be 動詞とともに使われることが多くなりますが、更に豊かな表現ができるように五感（視覚、聴覚、味覚、嗅覚、触覚）を使って、バラエティーに富んだ表現をしましょう。特に食べ物を紹介する場合は、食べた時の食感も描写したいものです。

センテンスレベル・サンプル 2

- My teddy bear is light-brown.
- He has two tiny eyes that are made of brown buttons.
- His nose is a bit hard and furry and feels like a small tennis ball.
- The cotton towel is soft and smooth.
- My new backpack has rectangular padded shoulder straps.
- The cabin smells smoky.
- This spicy chicken sandwich tastes so juicy and tender.

物を描写する時によく使われる単語

外見（視覚）	大きさ／色／構造	big, huge, tiny, small, black, white, green, simple, complex, wooden
（触覚）	表面の感触	rough, sharp, silky, smooth, soft
（嗅覚）	臭い	smoky, fresh, fruity, musty
（味覚）	味	oily, salty, sweet, bitter, spicy, sour, tender

2.3　場所：Places

場所を描写する文は、旅行ガイドブックにあるように、訪れる土地や観光地などを説明したりする時や、ある空間（会場、部屋など）を説明する時に使われます。このような場所の描写では、特にその位置、大きさ（広さ）などが重要な情報となります。また、その場所の特徴的なこと、歴史などを解説すると、情報に厚みが出て効果的です。

センテンスレベル・サンプル 3

・Machu Picchu sits at an elevation of 2,430m from the sea.
・An old Italian castle stands at the top of the hilly mountain.
・The site is very clean and rarely crowded.
・That place is as big as Tokyo Dome.
・Central Park is located in the center of Manhattan.
・Central Park welcomes runners from all over the world.

場所を描写する時によく使われる単語

場所の様子を表す表現	天候関係	hot, humid, cool, cold, dry, windy
	状況	crowded, quiet, rural, modern, industrial
	状態	hilly, sandy, narrow, wide, flat

3　パラグラフの指導

パラグラフを書く時最も大切なのは、全体の内容をまとめるような文（トピック・センテンス）をパラグラフの冒頭に書き、読み手にそのパラグラフの内容について知らせることです。ここでは、「2　センテンスレベルの指導」で示した、いくつかの文に更に詳しい内容を追加して、トピック・センテンスを加えてパラグラフを書く指導について段階を追って説明します。また、パラグラフでは最後にそのトピック・センテンスの内容を言い換えたコンクルーディング・センテンス（まとめ文）が必要になります。

自分の大好きな物を描写する

目標

自分の好きな物、大切にしている物を選び、それを紹介するパラグラフを書きます。

指導の流れと留意点

自分が大好きな物を友達に紹介する時に重要なのは、「大好きな物」が目に浮かぶように詳しく説明することです。また、それにまつわるエピソード（いつ手に入れたのか、誰かにもらったのか、どんな時に使うのかなど）を加えることで、より詳しいパラグラフにすることができます。

指導手順

Step 1　Brainstorming

1）自分が好きな物や大切にしている物を選び、その実物や写真などを用意します。あるいは、その絵を描いてもよいでしょう。

2）その物を更に具体的に説明できるように、その物の特徴や思い出のエピソードなどを思いつくままに**マッピング**します。マッピングとは、書きたいテーマを中心に置いて、関連する情報をキーワードで出していく方法です。ここでは、中心に、紹介したい「クマのぬいぐるみ」と書き、思いつくことをその周りに書いています。

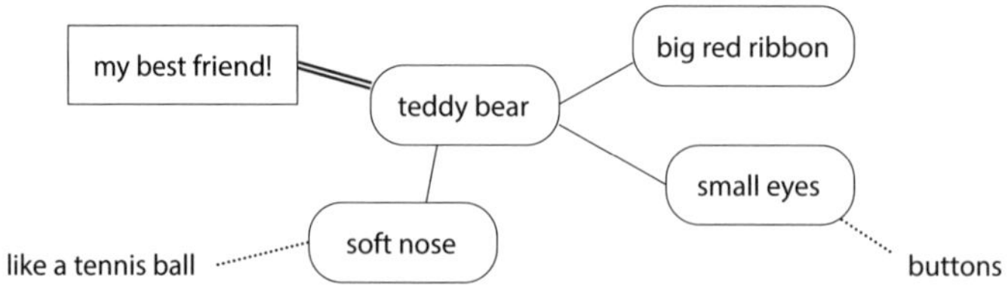

Step 2　Outlining

いろいろなアイデアが出た後、それぞれのポイントについて描写文を書いてみます。次にそれらを並べて読み手が理解しやすいように内容を整理させましょう。

パラグラフの真ん中の部分で、宝物であるクマのぬいぐるみの外見（色、目、鼻、衣装）などの特徴を順番に描写していきます。また、どんな匂い（smell）がするか、感触（feel）はどのようなものかなどの五感を使うことで、より感覚的な描写ができます。また、最後にそれは自分にとってどういう存在なのか（大好きな理由やエピソードなど）を書きます。

Step 3 Writing a paragraph

次に示すパラグラフは「私の宝物（クマのぬいぐるみ）」について詳しく述べたパラグラフです。「他の人には特別ではないかもしれないけど、私には宝物なのだ」という書き手の“感情”を込めたトピック・センテンスから始まっています。その後で、ぬいぐるみの特徴を細かく描写しながら、最後に結論として「古ぼけたクマは私の親友」とまとめており、これがトピック・センテンスと呼応したコンクルーディング・センテンスとなり、まとまりのあるパラグラフとなっています。

サンプル・パラグラフ

My Treasure

My teddy bear does not look special to others, but it is my childhood treasure. His body is light-brown, and he wears a red shirt with a big ribbon around his neck. He has two little eyes made of brown buttons. His nose is a bit hard and furry and feels like a small tennis ball. He smells musty as he was kept in a closet for a long time, but he feels soft like a pillow. I used to take him with me wherever I went as if he were my safety blanket. *That old teddy bear is my best friend.*

2.5.a　Expository Writing—Listing
説明文：リスティング

1　リスティングとは何か？

1.1　説明と指導目標

客観的な説明文タイプの 1 つとして、リスティング、すなわち物や事柄をリストアップし、パラグラフへ発展させていく方法があります。私たちは日常生活の中で、リストを作るという思考プロセスを頻繁に行っています。例えば、やるべきことを書いておく To Do リストやショッピングに行く前の買い物リスト作成などはその例でしょう。パラグラフはそのようなリスト項目を発展させればいいわけです。生徒にとっては、宿題や週末の予定を書くことから始まり、学校では、例えば部活で活動時のルールを後輩に説明したり、文化祭で地域の人たちに学校の特徴や行事を紹介したりすることがあるでしょう。このように言いたいことをリストアップして順序立てて説明する際に使われるのがこのタイプのライティングです。リスティングは、生徒にとっては取り組みやすい書き方で、生徒の学年、興味、英語のレベルによって活動と場面設定をアレンジすることが可能です。

1.2　リスティング・パラグラフの構成

リスティング・パラグラフは以下の図 8 で表されるように物事をリストアップして説明したり主張したりする際に使われます。トピック・センテンスで、その段落で示す内容を提示し、次に具体的な要素をリストアップします。その総和をコンクルーディング・センテンスとしてまとめます。

図 8：リスティング・パラグラフの構造

Beginning	**トピック・センテンス**	何をリストアップして主張、あるいは説明するのか
		↓
Middle	**サポーティング・センテンス**	リストの 1 つ目
		リストの 2 つ目
		リストの 3 つ目
		↓
End	**コンクルーディング・センテンス**	何をリストにしたのかのまとめ

2 センテンスレベルの指導

何について書くかテーマが決まったら、それについてどう主張するかを考え、リストを作ります。一つ一つのリストを英文にしますが、これらの文はパラグラフを作る際、サポーティング・センテンスとなるので、丁寧に指導して、トピック・センテンスとサポーティング・センテンスとの間に一貫性があることの重要性を理解させ、その定着を図ります。

センテンスレベル・サンプル 1

There are **two ways** to get to our school from the closest train station. **One way is** to go along Owada Street, and turn right at Kinoshita Park. **The other route is** to walk straight to the police station and take a sharp left turn there.

最寄り駅から学校までの道筋には2つあるというトピック・センテンスです。この内容をサポートする文では、複数ある経路や方法を、1つずつ説明していきます。

センテンスレベル・サンプル 2

The students discussed **three songs** for Christmas Concert at the homeroom meeting: Jingle Bell, Red Nose Reindeer, and Silent Night.

クリスマスコンサートに歌う曲を決めている場面です。3つの歌を1つずつ説明していくことがサポーティング・センテンスとして求められます。コロンとそれに続いて曲をリストアップする場合のコンマの使い方にも留意させます。

センテンスレベル・サンプル 3

Ramen has become popular among local people in Singapore. They enjoy different tastes **such as** miso, shoyu, and tonkotsu at restaurants in large shopping centers.

これは例示のリスティングの例です。種類や具体例を示すのに、日本語で「〜のような」(such as) を使って1文で表現できることを教えます。

3　パラグラフの指導

トピック・センテンスを示して、それをサポートする事象や事物をリストにしていくというパラグラフを習得させるのがねらいとなります。ここでは自分の体験談を書く場合と、学校行事を紹介する場合の 2 つを例に指導の流れを説明します。

3.1　個人的な体験や意見などを書く

目標

身の回りの物事や個人的な体験、意見などを 1 パラグラフで書かせることを目標とします。ここでは、キャンプに行く前に必要な物を揃えた出来事を書く 1 パラグラフの指導の流れを説明します。

指導の流れと留意点

このモデルでは、まず夏休みにキャンプに行く場合には何が必要かをペアで話し合ったり、メモに書き出させたりします。いわゆる買い物リストを作るわけです。そのリストをもとに、トピック・センテンスを作り、それぞれリストにあがった一つ一つについて、簡単に説明を加えます。

指導手順

Step 1　Brainstorming and Outlining

自分がキャンプに行くとすると何が必要かを考えます。この段階ではトピックを語句として書き出すわけですが、できればトピック・センテンスとして文で書くように、という指導をするとよいでしょう。例えば以下のようなトピック・センテンスができます。

Our family went shopping to buy necessary things for the camp at Yatsugatake.

そして買い物リストを作成します。サポーティング・センテンスの土台となるメモです。

① sleeping bags
② walking shoes
③ a skillet（キャンプ用の鍋）

パラグラフの最後はコンクルーディング・センテンスとしてもう一度トピック・センテンスの内容を繰り返すことが求められます。つまり、トピック・センテンスの言い換えで、まとめとなる文を最後に書きます。このモデルパラグラフは叙述文にもなっているので、簡単な感想やコメントでもよいでしょう。場合によっては省略することもあります。

Step 2　Writing a paragraph

Step 1 のアウトラインから、実際にパラグラフを書き始めます。指導で注意する点として、リストのそれぞれは 2 文以上で説明することが望ましいということを生徒に伝えます。例えば、まず寝袋を買いました、で終わりではなく、どのような寝袋を買ったのか、何に注意して選んだのかなど、説明を加える練習をさせます。その文を読んだ人が、買い物の様子、あるいは買った物の特徴が分かる程度の説明を足すように促します。ここでは、① 寝袋 2 つ、自分と姉のぶんを購入、② ハイキング用の靴を試着し、③ カレーやパスタが作れる鍋を選んだという情報を足します。

サンプル・パラグラフ 1

Shopping for the Summer Camp at Yatsugatake

Our family went shopping to buy necessary things for the camp at Yatsugatake. ① First, we needed to buy a couple of sleeping bags. I had a small one, but I grew out of it. My big sister's was torn, so we had to buy two of them. ② Second, good walking shoes are essential for hiking in the mountains. I tried on a few pairs at the store and finally bought a nice pair. ③ Lastly, we bought a skillet to cook meals at the camp. We chose a deep, heavy one so that we could make curry or boil pasta in. We were all excited and anxious to go to the camp with these things.

3.2　客観的な説明を書く

目標

客観的にリスティングタイプのパラグラフを書かせることを目標とします。ここでは、学校の英文ホームページに掲載する行事紹介文を使って指導例を紹介します。

指導の流れと留意点

学校の英文ホームページに載せる行事の紹介を 1 パラグラフで説明するという状況設定の他、新しい ALT の先生に、どのようなイベントがあるかを教えるという想定にするとよいでしょう。あるいは留学先での交流やホームステイプログラムでの学校紹介にも使えます。

指導手順

Step 1　Brainstorming and Outlining

パラグラフを書く準備としてトピック・センテンスとアウトラインを考えさせます。例えば以下の文がトピック・センテンスとして書く内容になります。

There are three major student-organized events at ABC High School.

その後、紹介したい行事を書き出したり、クラスメートと相談したりします。ここでは次の 3 つ、つまり ① 春の体育祭、② 秋の音楽コンサート、③ 冬のサイエンス発表会の 3 つとします。これらはサポーティング・センテンスの土台となるリストです。

① the spring sports festival

② the autumn music concert

③ the winter science show

コンクルーディング・センテンスは、ここでは簡単にひとこと書くか、あるいは省略してもよいと思われます。このようなリスティングのパラグラフでは、情報を整理して伝えることが目的ではあるものの、エッセイには至らない長さのため、トピック・センテンスの言い換えを入れるとくどい印象を与える場合もあるからです。

Step 2 Writing a paragraph

このように、まずトピックとして書きたいことのアウトラインを考えて実際に書き始めるように指導をします。キャンプ前の買い物の例と同様に、リストのそれぞれは2文以上で説明することが望ましい点に注意を向けさせます。今回は、ホームページという設定ですので、なるべく客観的な書き方になるように助言しますが、これがもしALTの先生へのメールなどであれば個人的な感想や思い入れを書いてもよいでしょう。読み手と目的に応じて書き方が変わることを意識させるようにします。

文法指導のポイントとしては、リストにするものは名詞、名詞句、名詞節などになることが多いことも必要に応じて指摘します。くわえて、コンマ、ピリオド、コロン等の句読点の使い方も教えることができます。

サンプル・パラグラフ 2

Major Events at ABC High School

There are three major student-organized events at ABC High School: the spring sports festival, the autumn music concert, and the winter science show. ① At the spring sports festival, students compete in two teams, red and white. The two teams compete not only in track and field races, but also in how vigorously and elegantly they cheer their own teams. The festival is considered to be the highlight of their high school life, especially for the third-year students. ② The autumn music concert is composed of performances by music clubs. The pop band club plays hit songs and original tunes; the chorus club sings a few songs, which they have practiced for months; the brass band usually performs a few works from jazz to classics. ③ Finally, in the winter science show, groups of students present their projects on biology, physics, chemistry, and ecology. Held on a weekend, it is open to children in the neighborhood and students offer them hands-on activities. Students of ABC High School are actively involved in these activities throughout the year.

3.3　リスティング・パラグラフの理解を助けるタスク

パラグラフ構成の理解を確認するタスクとして、以下に一例を示します。このように、何かを列記したり、例示したり、分類したりするパラグラフを用いると、学習者の理解を深めることができます。

タスク 1

卵の料理方法に関するパラグラフになるよう括弧に英単語 1 語を入れましょう。その後、トピック・センテンスとサポーティング・センテンスを選びましょう。

① My grandmother cooked eggs in a few ways: (a) eggs, (b) eggs, (c) eggs, and omelets. ② My favorite style was (a) eggs, because of their soft and creamy texture. ③ She added a little milk and mustard in her recipe. ④ Sunny side ups, or (b) eggs tasted good too. ⑤ She taught me how to fry eggs with a lid on the pan. ⑥ Then she (c) eggs for salad and sandwiches. ⑦ Personally I liked soft (c) eggs rather than hard (c) ones. ⑧ In addition, she cooked omelets with cheese, mushrooms, and tomatoes at lunch on weekends. ⑨ When I was small, I did not like those vegetables in eggs, but now I miss them as a special recipe of my grandmother. ⑩ Now as a grandfather, I am cooking eggs for my grandchildren in the same way.

解答　(a) scrambled　(b) fried　(c) boiled

トピック・センテンス：①

サポーティング・センテンス：②、④、⑥、⑧

解説　生徒が身近に感じられることの 1 つが料理や食材に関するトピックです。例として卵の料理法を挙げ、トピック・センテンスの書き方や、リストに挙がる 4 つが、並列の関係であることを示しています。接続詞の使い方もヒントなります。

4 エッセイの指導

リスティングの目的を持つエッセイ指導について、ここではサンプル・パラグラフ2でも用いた学校の行事紹介というテーマでエッセイを書かせる場合の指導例を示します。

目標

リスティングタイプのエッセイで書くことを目標とします。

指導の流れと留意点

エッセイを指導する方法としては、まずパラグラフを書かせてからそれをエッセイに発展する方法と、最初からエッセイを書かせる指導方法があり、そのどちらにするかは授業時間や指導目標に合わせて計画してください。ここでは後者の、最初からエッセイを書かせる指導について説明します。

指導手順

Step 1 Brainstorming and Outlining

まず、パラグラフを書く時と同じようにブレインストーミングを行い、書く内容を決めます。今回は「サンプル・パラグラフ2」のアウトライン（p. 100 参照）の内容でエッセイを書かせるとします。アウトラインとして ① 春の体育祭、② 秋の音楽コンサート、③ 冬のサイエンス発表会という骨子になります。その行事を知らない人に説明することを意識させて、開催時期や特徴など、パラグラフを書く時に比べて、多面的により詳しく書くように指導します。正確な情報を盛り込むために必要に応じて学校便覧の閲覧や教師への聞き取り調査なども取り入れるとよいでしょう。

Step 2 Writing an essay

具体的に取り上げる情報が決まったらエッセイを書き始めます。ホームページに載せるという設定ですので、写真や図を版権やプライバシーに注意させたうえで貼り付けさせると臨場感が増します。そのようにして作成したエッセイの一例が次のとおりです。

最初のパラグラフは導入の文に続いて thesis statement が示されます。2番目のパラグラフでは体育祭の競技や応援について説明します。3番目のパラグラフでは音楽コンサートの運営や時期、そして練習について描写しています。4番目のパラグラフでは、サイエンス発表会で行われる企画例が列挙されています。そして最後のパラグラフで3つの行事を再度紹介して、生徒が熱心に取り組み、地域の人々にも開かれているという特徴を再度述べて総括とします。それぞれの学校で力を入れている行事についてエッセイを書かせることは、後々に残る有意義な学習活動となるでしょう。

サンプル・エッセイ

Major Events at ABC High School

At ABC High School, students enjoy events and extracurricular activities all around year. Some of the events are open to public, and students prepare for them well in advance. They work hard in groups and with teachers to make the school events happen. In particular, there are three major events in which the students spend a lot of time and energy: the spring sports festival, the autumn music concert, and the winter science show.

A school year starts with the spring sports festival, consisting of track and field games and other competitions. The festival helps students get to know each other and make friends with new classmates as they prepare for the festival. The two teams compete not only in track and field races, but also in how vigorously and elegantly they cheer their own teams. The festival is considered to be the highlight of the high school life, especially for the third-year students.

The autumn music concert is mainly composed of performances by three music clubs of ABC High School. Held on a November holiday, local people and families are invited to the concert. The pop band club plays hit songs and original tunes. As the concert approaches, you can hear the members practicing guitar and drums after class. Then the chorus club, which has a long history of winning some local music contests draws a large audience. At the autumn music concert, they usually sing Japanese traditional folk songs as well as *anime* songs. Lastly, the brass band usually performs a few works from jazz to classics. The members march through the school buildings and the playground to demonstrate their team work and skill in playing instruments such as trumpets and saxophones.

Finally, in the winter science show, groups of students present their projects on biology, physics, chemistry, and ecology. On a weekend in January, students put up posters in the gym to present their research of their interests. In some cases, chemistry club students conduct experiments and report the results. Other students study green energy in Asian countries and present what they have researched. Sometimes the students invite children in the neighborhood and offer them hands-on activities.

Throughout the year, ABC High School students are actively involved in major events such as the spring sports festival, the autumn music concert, and the winter science show. These occasions make school life special and provide long-lasting memories. They also contribute to the local community by inviting friends, as well as neighbors of the school.

注：二重下線 = thesis statement

2.5.b　Expository Writing—Compare and Contrast
説明文：比較・対照を表す文章

1　比較・対照を表す文章とは何か？

1.1　説明と指導目標

何かを説明する時に「比べる」という視点は理解しやすいものです。2つ（あるいはそれ以上）のものを比較し、それぞれの特徴を説明する文章がCompare and Contrast（比較・対照を表す文章）です。2つのもののよく似ている点（similarities）を説明することをcomparing、異なる点（differences）を説明することをcontrastingといいます。このタイプの文章は、同じカテゴリーに入るもの同士（例えば、食べ物、レストラン、スポーツ、観光地など）を比較します。比べる際にはどの視点で比べるかを考えることが重要です。また、形容詞や副詞の比較表現を使うため、まずはこれらの表現の指導から始めてみてください。

1.2　指導の留意点

比較を考える場合によく使われるのは「ベン図」（図9，10）です。図9の場合、AとBの2つの円が重なったところが「似ている点」で、「異なる点」はA、Bそれぞれの円が重ならない箇所です。例えば、野球とサッカーはどちらも人気のあるスポーツですが、図10のような類似点・相違点があります。文章にする前の段階で、このベン図を使って整理しておきましょう。

図9：比較のためのベン図

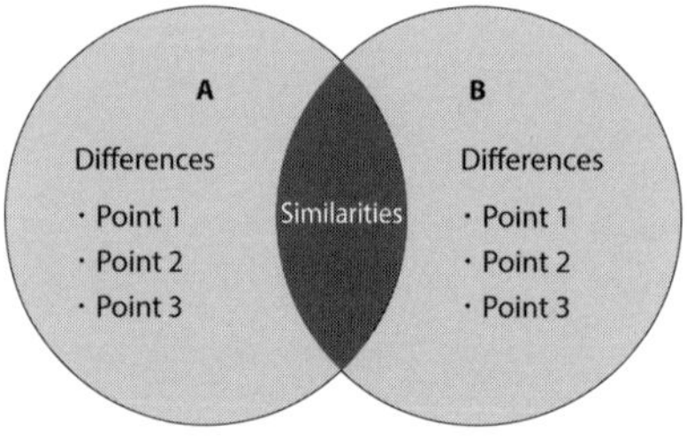

図10：野球とサッカーの比較

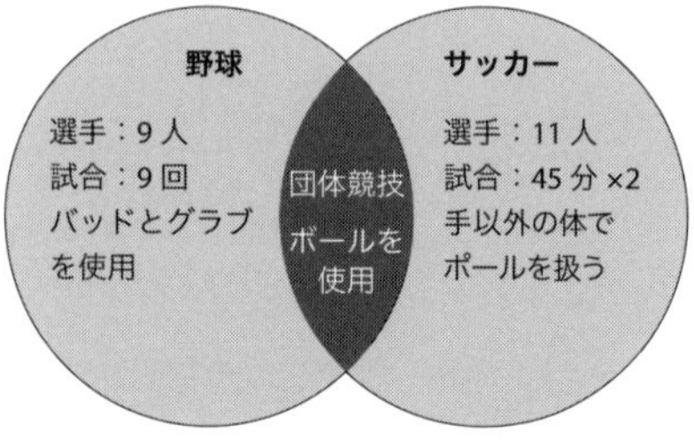

2 センテンスレベルの指導

2.1 比較・対照を表す文

まず、比較・対照を表す文単位での練習をします。形容詞や副詞の比較級はもちろん、「～である一方、～だ。」のような文をつなぐ接続詞や接続副詞にも習熟しておく必要があります。次の表5、表6を参考にしてください。また、比較するものを描写することにもなるため、(「2.4 Descriptive Writing」p. 90 参照）で紹介している様々な描写表現も確認しておきましょう。

表5：比較を表す表現

Comparisons	
英語表現	例
both A and B	**Both** Tokyo **and** New York welcome many visitors from all over the world.
as（形容詞）as	Tokyo is **as** crowded **as** New York.
similarly / likewise	Tokyo has many good restaurants. (**Similarly** / **Likewise**), New York also has many good restaurants.
be similar / be alike	Tokyo and New York City (**are similar** / **are alike**) in size and the tall buildings they have.
similar to / like	The subway systems in Tokyo is (**similar to** / **like**) the ones in Osaka.
not only ... , but also	**Not only** New York, **but also** Paris has great shopping areas.
equally	Kyoto and Nara are **equally** good places to learn about Japanese history and culture.
, too	Tokyo Disneyland is an exciting place to visit, and Universal Studios Japan is**, too**.
and	Sony **and** NEC are two important computer companies in Japan.
also	Takoyaki is a very popular food in Osaka. Okonomiyaki is **also** very popular.
just like / the same as	She behaves (**just like** / **the same as**) her mother.
just as	Hawaii has beautiful beaches **just as** Okinawa has.

表 6：対照を表す表現

Contrasts	
英語表現	**例**
while / whereas	Houses in the city are rather small, (**while** / **whereas**) houses in the countryside are much larger.
on the other hand / in contrast	The city is busy and polluted. (**On the other hand** / **In contrast**), the countryside is calmer and cleaner.
but / yet / however,	Houses in the U.S. are large, (**but** / **yet**) they are a little small in Japan. Houses in the U.S. are large. **However,** they are a little small in Japan.
although / even though / though	**Although** soccer and baseball are both popular sports in Japan, soccer is more popular in Europe.
unlike	**Unlike** Japan where cars drive on the left side of the road, cars in the U.S., drive on the right side. Japanese people drive on the left side of the road **unlike** U.S. drivers where they drive on the right side.
not like / not the same as	Club activities in high school are (**not like** / **not the same as**) club activities in university.
different from	Kobe is completely **different from** Osaka.
compared (to / with)	Internet access is much faster now **compared (to / with)** the past.
in comparison to	**In comparison to** Japanese food, Thai food is spicier.

2.2 比較・対照を表す表現の確認問題

タスク 1

表 5、表 6 の表現が使えるようになるために、授業で行いたい穴埋め問題です。

and	but	equally	not like
are similar	compared to	even though	unlike
both	different from	just as	whereas

1. ____________ Japanese food which uses mild spices, Korean food is very spicy.
2. If you are planning a trip to Europe, Spain and Italy are ____________ good places to visit.
3. My father's motorbikes have good quality, ____________ my uncle's motorbikes have better designs.
4. Smartphones ____________ computers are great devices to access the Internet.
5. Reading Japanese kanji is ____________ reading Chinese kanji.
6. ____________ high school classes are difficult, university classes are much more difficult.
7. McDugal's and Cheap Burger fast food restaurants ____________ in the kind of food and menu they have.
8. If you visit Kyoto, you can learn about Japanese culture ____________ in Osaka, you can experience modern day Japan.

解答 1. Unlike/Compared to 2. both/equally 3. while 4. and
5. different from 6. Even though 7. are similar 8. whereas

3 パラグラフの指導

文単位での表現を学習した後は、パラグラフで文章が書けるようにします。本節では、比較・対照のパラグラフの書き方をモデル文とともに示した後、具体的な指導例を紹介します。

3.1　Block style と Point-by-Point style

比較・対照のパラグラフを書く場合には主に2つの方法があります（図11参照）。①1つのパラグラフ内に、まずAとBの類似点を書き、次にそれぞれの相違点を書いてまとめる方法（**Block style**）と、②比較する観点にそって、AとBを比べながら記述する方法（**Point-by-Point style**）です。

図11：比較・対照の2通りのパラグラフ構造

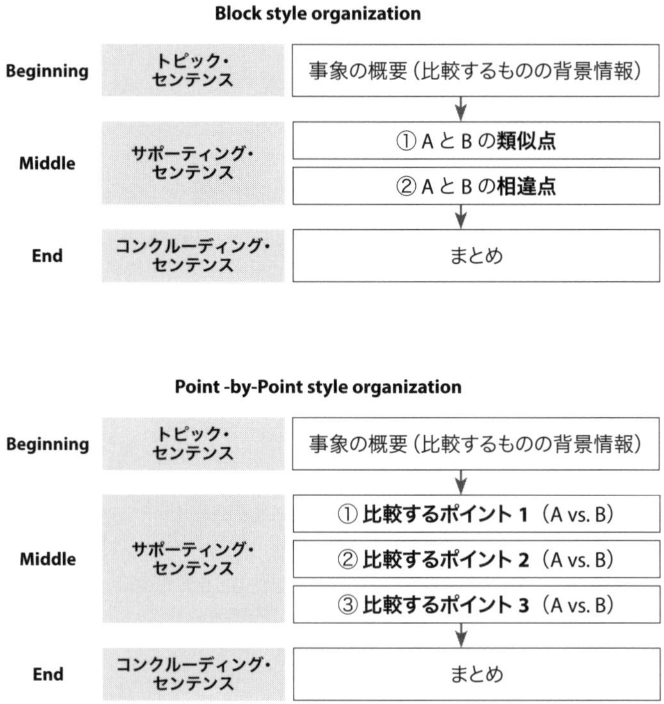

両方のスタイルを理解するために、日本の代表的な食べ物である「巻き寿司」と韓国の「キムパプ」を題材に、それぞれの方法でまとめた文章を用意しました。情報のまとめ方が異なることがご理解いただけると思います。「3.2　比較・対照のパラグラフを書く」（p. 112）では両方の書き方の指導を紹介します。

サンプル・パラグラフ 1：Block style organization

Sushi Rolls and Kimbap

Korean and Japanese cultures are quite different, **but** two kinds of food, sushi rolls from Japan and kimbap from Korea, are quite similar. ① Sushi rolls and kimbap both have the **same** appearance. ② The ingredients are also **similar**. **Both** include rice, seaweed, cucumbers, and carrots. Even though **both** dishes look almost the **same** and use most of the **same** ingredients, there are some differences. ③ Sushi rolls are made with rice mixed with vinegar, **while** kimbap is made with rice mixed with salt and sesame oil. ④ Sushi rolls' taste is light and simple **while** kimbap's taste is rich and complex. ⑤ Finally, sushi is made with fish **while** kimbap is made with beef. *No matter which food you eat though, they are both delicious.*

まとめ方

Beginning

日本と韓国の文化は異なるが、巻き寿司とキムパプは似ている

↓

Middle

類似点：
① 外見が似ている
② 材料もお米、海苔、きゅうり、人参など同じ物を使う

相違点：
③ 巻き寿司は酢をお米に混ぜるが、キムパプは塩とごま油をお米に混ぜる
④ 巻き寿司はさっぱりとした味だが、キムパプはこってりした味付けだ
⑤ 巻き寿司は材料に魚、キムパプは牛肉を使う

↓

End

どちらもとても美味しい

サンプル・パラグラフ 2：Point-by-Point style organization

Sushi Rolls and Kimbap

Korean and Japanese cultures are quite different and so are the food. ① Sushi rolls and kimbap have the same appearance, **but** sushi rolls' taste is light and simple **while** kimbap's taste is rich and complex. ② The ingredients are also **similar**. **Both** include rice **however**, sushi rolls are made with rice mixed with vinegar, **while** kimbap is made with rice mixed with salt and sesame oil. ③ **Both** also contain seaweed, carrots, and cucumbers. **However**, sushi is made with fish **while** kimbap is made with beef. *No matter which food you eat though, they are both delicious.*

まとめ方

Beginning

日本と韓国の文化は異なるが、巻き寿司とキムパプも異なる

↓

Middle

比較ポイント ① 外見と味

外見は似ているが、巻き寿司はさっぱりした味で、キムパプはこってりしている

比較ポイント ② 材料 1

材料は似ているが、巻き寿司は酢をお米に混ぜ、キムパプは塩とごま油をお米に混ぜる

比較ポイント ③ 材料 2

どちらも海苔、人参、きゅうりを材料に使うが、巻き寿司は魚、キムパプは牛肉を使う

↓

End

どちらもとても美味しい

3.2　比較・対照のパラグラフを書く

目標

比較・対照を表すパラグラフが書けるようになることが目標です。比較しやすい、生徒の身近な話題、例えば、ゲームや漫画、アニメなどから何か好きなものを取り上げ、似ているが、違いがあるものを 2 つ選ばせます。そして、Block style と Point-by-Point style の 2 通りのまとめ方で書きます。

指導手順

Step 1 Brainstorming

比較したいものを好きなカテゴリーから選び出します。この場合、よく知っているものであれば比較・対照しやすいかもしれません。以下の表でリストを作成します。ここでは、バスケットボールの漫画を例に説明します。

比較するもの（漫画：スラムダンクと黒子のバスケ）

類似点	相違点
・high school basketball teams ・both teams aiming for national championship	・SLAM DUNK: realistic, masculine characters ・Kuroko's Basketball: unrealistic, good-looking characters

Step 2 Outlining

Step 1 で書き出した情報をもとにパラグラフの構造を考えます。図 11（p. 110）の 2 通りのパラグラフ構造を利用してメモをもとに類似点、相違点を英文にしていくと、パラグラフにしやすくなります。図 12 は Block style の、図 13 は Point-by-Point style のアウトラインです。

図 12：Block style organization

トピック・センテンス	Two of the best-selling basketball comic books in Japan are "SLAM DUNK" and "Kuroko's Basketball."
サポーティング・センテンス	**類似点（Similarities）** ① They are both the stories about high school basketball teams. They are weak at first, but gradually get better. ② Both teams aim for the national championship. **相違点（Differences）** ③ "SLAM DUNK" is very realistic, while "Kuroko's Basketball" is unrealistic. ④ The characters of "SLAM DUNK" are masculine, while those of "Kuroko's Basketball" are good-looking.
コンクルーディング・センテンス	As you can see, these two comic books are not only similar but also different in many ways.

参考：『SLAM DUNK』井上雄彦（集英社）、『黒子のバスケ』藤巻忠俊（集英社）

図 13：Point-by-Point style organization

トピック・センテンス	Two of the best-selling basketball comic books in Japan are "SLAM DUNK" and "Kuroko's Basketball."
サポーティング・センテンス	**比較ポイント ① ストーリーの特徴** **Similarity:** Both teams are weak at first, but gradually get better. **Difference:** "SLAM DUNK" is very realistic, while "Kuroko's Basketball" is unrealistic. **比較ポイント ② チームメンバーの描かれ方** **Similarity:** Both teams have members who try to aim for the national championship. **Difference:** The characters of "SLAM DUNK" are masculine, while those of "Kuroko's Basketball" are good-looking.
コンクルーディング・センテンス	As you can see, these two comic books are not only similar but also different in many ways.

Step 3　Writing a paragraph

比較・対照表現を使いながら（表 5、表 6 を参照）パラグラフにします。次にサンプル・パラグラフを示しますが、いずれもトピック・センテンスで比較するものが何であるか説明した後に、They are very similar in some ways, but there are also some differences. と書いておくと読み手は比較・対照を表す文であることが予想できます。また、論の流れを作る表現に着目しましょう。One similarity is that, Another similarity is that ~ など、ほぼ定型となる表現を使用し、順序立てて類似点・相違点を記述します。特に、話の展開を大きく変え、違いを強調するために接続副詞 However を効果的に使いましょう。

サンプル・パラグラフ3：Block style organization

My Favorite Basketball Comic Books

Two of the best-selling basketball comic books in Japan are "SLAM DUNK" and "Kuroko's Basketball." They are very similar in some ways, but there are also some differences. **One similarity is that** both comics are the stories about high school basketball teams. Both teams are weak at first, but they gradually get better and finally get on a par with other good teams. **Another similarity is that** both teams aim for the national championship, so many readers can relate to the characters chasing their dreams. **However,** there are some differences. **One difference is that** "SLAM DUNK" is very realistic, while "Kuroko's Basketball" is not. In "SLAM DUNK," many actual basketball rules are shown in detail. On the other hand, in "Kuroko's Basketball," the characters' unique skills are focused. **Another difference is that** the characters of "SLAM DUNK" are masculine, while those of "Kuroko's Basketball" are good-looking. *As you can see, these two comic books are not only similar but also different in many ways.*

サンプル・パラグラフ4：Point-by-Point style organization

My Favorite Basketball Comic Books

Two of the best-selling basketball comic books in Japan are "SLAM DUNK" and "Kuroko's Basketball." They are very similar in some ways, but there are also some differences. **One similarity is that** in "SLAM DUNK" the basketball team is weak at first and they gradually get better. The animation is very realistic because many actual basketball rules and statistics are shown in detail. **However,** in "Kuroko's Basketball," the basketball team is also weak at first, but it is more unrealistic because the characters have unique skills. **Another similarity between the two comics is that** both teams have members who try to aim for the national championship. **However,** in "SLAM DUNK," the characters are masculine, but in "Kuroko's Basketball," the characters are good-looking. *As you can see, these two comic books are not only similar but also different in many ways.*

4　エッセイの指導

パラグラフで書けたら、エッセイにしてみましょう。最初からまったく新しいトピックで挑戦させることもできますが、ここではサンプル・パラグラフ 3，4 の内容を膨らませて、1 つのパラグラフから複数のパラグラフのエッセイにする手順を紹介します。

4.1　比較・対照エッセイの構造

比較・対照を表す文章では、図 14 に示すように、Block style の場合は、類似点・相違点の 2 パラグラフに、Point-by-Point の場合は比較ポイントの数に応じて、2 〜 3 パラグラフのエッセイに展開できます。

図 14：比較・対照エッセイの構造

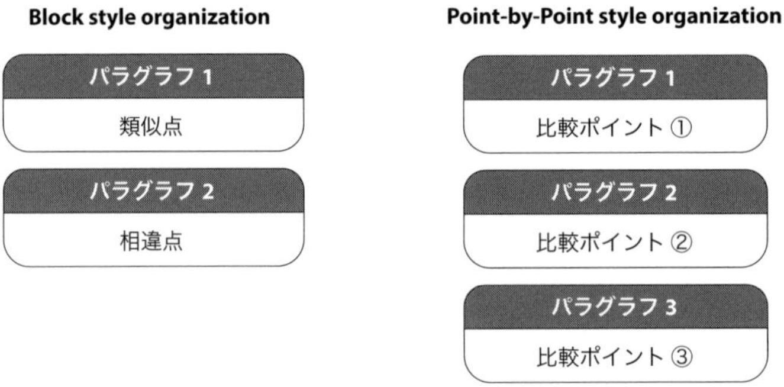

4.2　比較・対照パラグラフからエッセイに展開する

目標

「3.2 比較・対照のパラグラフを書く」のサンプル・パラグラフ 3、4（p. 115）を使って 2 種類のエッセイに展開します。

指導手順

Step 1　Brainstorming

上記の図 14 を参考にしながら、Block style か Point-by-Point style のどちらかの構成で書かせますが、パラグラフで書いた方の構成を使います。

Step 2 Outlining

以下の表7，8は、パラグラフを書く時に使用した図12，13の内容を、エッセイの構造（図14）にしたものです。それぞれが独立したパラグラフになるように具体例や根拠などの情報を追加します。新しい情報として、パラグラフを加えても構いません。

表7：Block style organization

メイン・アイデア (Thesis statement)	Two of the best-selling basketball comic books in Japan are "SLAM DUNK" and "Kuroko's Basketball," and they are very similar in some ways.
パラグラフ1 類似点 (Similarities)	① They are both the stories about high school basketball teams. They are weak at first, but gradually get better. **（追加情報）Both comics raise the reader's spirits and get them to cheer for the basketball teams.** ② Both teams aim for the national championship. Many readers can relate to the characters chasing their dreams.
パラグラフ2 相違点 (Differences)	③ "SLAM DUNK" is very realistic, while "Kuroko's Basketball" is unrealistic. **（追加情報：具体例）The "Emperor Eye" gives a character the ability to predict the movements of the opposing members.** ④ The characters of "SLAM DUNK" are masculine, while those of "Kuroko's Basketball" are good-looking. **（追加情報：具体例）"SLAM DUNK" is supported mainly by men, while "Kuroko's Basketball" is favored mainly by women.** ⑤ **（新情報）"SLAM DUNK" has been published worldwide whereas "Kuroko's Basketball" has been published only in Asian countries.**
コンクルーディング・センテンス	As you can see, these two comic books are not only similar but also different in many ways.

表 8：Point-by-Point style organization

メイン・アイデア (Thesis statement)	Two of the best-selling basketball comic books in Japan are "SLAM DUNK" and "Kuroko's Basketball." They are very similar in some ways, but there are also some differences.
パラグラフ 1 比較ポイント ① ストーリーの特徴	**Similarity:** Both teams are weak at first, but gradually get better. **Difference:** "SLAM DUNK" is very realistic, while "Kuroko's Basketball" is unrealistic. **（追加情報：具体例） The "Emperor Eye" gives a character the ability to predict the movements of the opposing members.**
パラグラフ 2 比較ポイント ② メンバーの描かれ方	**Similarity:** Both teams have members who try to aim for the national championship. **Difference:** The characters of "SLAM DUNK" are masculine, while those of "Kuroko's Basketball" are good-looking. **（追加情報：具体例） "SLAM DUNK" is supported mainly by men while "Kuroko's Basketball" is favored mainly by women.**
パラグラフ 3 **比較ポイント ③** **海外での人気** **（新情報）**	**Similarity: Both comics have been published in foreign countries.** **Difference: "SLAM DUNK" has been published in worldwide whereas "Kuroko's Basketball" has been published in Asian countries.**
コンクルーディング・センテンス	As you can see, these two comic books have many similarities, but they are also quite different in many ways.

Step 3　Writing an essay

表 7 と表 8 をもとに追加情報を入れ、エッセイにまとめます。

サンプル・エッセイ 1：Block style organization

My Favorite Basketball Comic Books

Two of the best-selling basketball comic books in Japan are "SLAM DUNK" and "Kuroko's Basketball," and they are very similar in some ways. ① **One similarity is that** both comics are stories about high school basketball teams. Both teams are weak at first, but they gradually get better and finally get on a par with other good teams. 1) Both comics raise the reader's spirits and get them to cheer for the basketball teams. ② **Another similarity is that** both teams aim for the national championship, so many readers can relate to the characters chasing their dreams.

However, there are some differences. ③ **One difference is that** "SLAM DUNK" is very realistic, while "Kuroko's Basketball" is not. For example, in "SLAM DUNK," many actual basketball rules and statistics are shown in detail so that everyone can learn what basketball really is. On the other hand, in "Kuroko's Basketball," characters' unique skills are focused. 2) For example, the "Emperor Eye" gives a character the ability to predict the movements of the opposing members. ④ **Another difference is that** the characters of "SLAM DUNK" are masculine, while those of "Kuroko's Basketball" are good-looking. 3) This leads to the fact that "SLAM DUNK" is supported mainly by men, while "Kuroko's Basketball" is favored mainly by women. ⑤ **The last difference is that** "SLAM DUNK" has been published worldwide whereas "Kuroko's Basketball" has been published only in Asian countries such as Malaysia and the Philippines. *As you can see, these two comic books are not only similar but also different in many ways.*

まずBlock styleエッセイのパラグラフの構成を見てください。最初のパラグラフでは類似点を、そして２つ目のパラグラフでは相違点を述べています。サンプル・パラグラフ３のHowever, there are some differences.が相違点を述べるパラグラフのトピック・センテンスとして大きく論を展開させています。論の流れは、１つのパラグラフで書いた場合と変わっていません。しかし、既に書いてある内容に、情報を追加する（波線部分）ことで、漫画がより詳細に分かるように書かれています。まず①では、どちらのバスケットチームも最初は弱いが、練習を重ねるうちに強くなっていくストーリーであることから、「読者が感情移入し、応援したい気持ちになる」（波線1）と読者の視点が入っています。また、③では、『黒子のバスケ』には実在し得ない人物が登場することを具体的な例で紹介しています（波線2）。一方、相違点として、『スラムダンク』の読者は男性、『黒子のバスケ』の読者は女性が多いこと（波線3）や、⑤で前者は世界的に人気がある一方、後者はアジア諸国で読まれていることが新たな情報として追加されています。授業で取り組む際には、読者の視点や、海外での人気などをリサーチし、より具体的な情報が追加できるように誘導しましょう。

サンプル・エッセイ 2：Point-by-Point style organization

My Favorite Basketball Comic Books

Two of the best-selling basketball comic books in Japan are "SLAM DUNK" and "Kuroko's Basketball." They are very similar in some ways, but there are also some differences. ① In "SLAM DUNK" the basketball team is weak at first and they gradually get better. The animation is very realistic because many actual basketball rules and statistics are shown in detail so that everyone can learn what basketball really is. **However,** in "Kuroko's Basketball," the basketball team is also weak at first, but the story is more unrealistic because the characters have unique skills. 1) For example, the "Emperor Eye" gives a character the ability to predict the movements of the opposing members.

② **Another similarity between the two comics is that** both teams have members who try to aim for the national championship. **However,** in "SLAM DUNK," the characters are masculine. 2) This leads to the fact that "SLAM DUNK" is supported mainly by men. **On the other hand,** in "Kuroko's Basketball," the characters are good-looking. Therefore, it is favored mainly by women.

③ **A final similarity is that** both comics have been published in foreign countries. "SLAM DUNK" has been published worldwide, **whereas** "Kuroko's Basketball" has only been published in Asian countries such as Malaysia and the Philippines. *As you can see, these two comic books have many similarities, but they are also quite different in many ways.*

サンプル・エッセイ 2 は、3 つの観点から漫画の特徴を比較した 3 パラグラフから構成された Point-by-Point style のエッセイです。サンプル・パラグラフ 2 からの展開としては、① ② に具体的な情報を追加して（波線 1, 2)、それぞれ 1 つのパラグラフとして独立させています。更に、「どちらの漫画も海外で人気である」という新情報を ③ パラグラフとして加えています。このように、パラグラフに数行追加するだけで、または新たな情報を 1 つ加えるだけで 300 ワード近いエッセイに展開することができます。

2.5.c Expository Writing—Cause and Effect
説明文：原因と結果を説明する文章

1 原因・結果を説明する文章とは何か？

1.1 説明と指導目標

ある事象についての因果関係を説明する文章です。ある事象の原因や理由を説明する文章をCause、結果や影響を説明する文章をEffectと呼びます。このタイプの説明文では、文やパラグラフ、エッセイなど文章の長さにかかわらず、因果関係を明確に示すことが鍵となります。

1.2 指導の留意点

Cause and Effectタイプの文を書く際には、相関関係と因果関係を混同しないように注意して指導する必要があります。因果関係のあるものには相関関係がありますが、すべての相関関係には因果関係があるわけではありません。Aが原因でBに影響がある（例：外気温が高ければ、室温も高くなる）場合は因果関係があります。一方でAとBのいずれかが原因とはいえない（例：数学が得意な人は、理科も得意な傾向にある）場合は、相関関係にあっても因果関係があるとはいえません。

また、右の図が示すように、ある事象の因果関係は複数の原因と結果が連鎖していることが多くあります。例えば、「今朝、寝坊して遅刻した」という事象を示すのに、

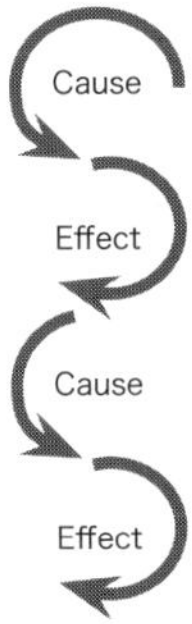

1. I woke up at nine o'clock this morning.
2. As a result, I missed my train.
3. Thus, I was late this morning.

と書いた場合、2は1の結果であると同時に、3の原因でもあります。

だからこそ、因果関係を明確に示すためには（例えば上記1～3のうち）どの部分に焦点を当てるのか、原因と結果のどちらに視点を置くかで文の書き方やパラグラフの構成が変わってきます。書く前に原因と結果の関係性を整理し、**どの視点から書くのか**を重点的に指導することで、学習者にとって文が書きやすくなるでしょ

う。実際に文章を書き始める前に、内容や構成について考え、吟味する時間を取るとよいでしょう。

2　センテンスレベルの指導

2.1　原因と結果を表す文

まず、文単位で因果関係が明確に示せるように様々な表現を使う練習をしておくとよいでしょう。文単位で書かせる場合、まずは因果関係を明確に示すことができるかを確認します。特に、主節と従属節のどちらが「原因・理由（Cause）」でどちらが「結果・影響（Effect）」になるのかを確認する必要があります。表 9 を参考に、因果関係を表す使役動詞、接続詞や接続副詞などの語法や文法事項とあわせて指導し、定着を図りましょう。

表 9：因果関係を表す英語表現

英語表現	例
the reason why ~	I woke up at nine o'clock this morning (Cause). **This is the reason why** I was late today (Effect).
because ~, due to ~, on account of ~, because of ~, thanks to ~ など	I was late today (Effect) **because** I woke up at nine o'clock this morning (Cause). The trains are behind schedule (Effect) **due to** / **because of** the heavy rain (Cause). I was late (Effect) **on account of** / **because of** the delay in the train schedule (Cause).
be caused by ~ など	The delay in the train schedule (Effect) **was caused by** the heavy rain (Cause).
result from ~ など	Her success (Effect) **results from** years of hard work (Cause).
as a result, therefore, thus, consequently など	I woke up at nine o'clock this morning (Cause). **As a result,** / **Therefore,** / **Thus,** / **Consequently,** I was late today (Effect).
so	I woke up at nine o'clock this morning (Cause) **so** I was late today (Effect).
make, help, cause, become など	The heavy rain (Cause) **made** the trains late (Effect). Years of hard work (Cause) **helped** her succeed (Effect).

lead to ~, result in ~, have an effect on ~, bring about ~ など	Years of hard work (Cause) **led to** / **resulted in** her success (Effect).
The more/less SV, the more/less SV	**The more** you laugh (Cause), **the happier** you will be (Effect). **The more** you buy things (Cause), **the less** money you will have (Effect).
stop, prevent など	The storm (Cause) **stopped** us **from** going out (Effect). The medicine (Cause) **prevents** progress of the disease (Effect).

2.2 文単位で因果関係を示すマッチング・タスク

因果関係を学習するために、以下のようなマッチング・タスクで接続詞の使い方を練習させるとよいでしょう。

タスク 1

1. 原因と結果が一致する組み合わせを選びましょう。

Cause（原因）	Effect（結果）
a. I left my smartphone at home today. b. It was very cold outside. c. I went to bed late last night. d. Jenny rode her bike to school. e. Mami did not eat breakfast this morning.	1. We decided to turn on the heater. 2. She arrived at school earlier than usual. 3. I could not get up this morning. 4. She is very hungry now. 5. I cannot call my friend.

2. 各組み合わせを、接続詞などを用いて文としてつなげましょう。

   例：I left my smartphone at home today. Therefore (So), I cannot call my friend.

解答

1. a – 5, b – 1 , c – 3 , d – 2 , e – 4
2. a) I left my smartphone at home today. Therefore/Thus/As a result, I cannot call my friend.

   b) It was very cold outside, so we decided to turn on the heater. /
   We decided to turn on the heater because/since it was very cold outside.

c) I went to bed late last night. As a result, I could not get up this morning. / The reason why I could not get up this morning was because I went to bed late last night.

d) Jenny rode her bike to school so she arrived earlier than usual.

e) Mami did not eat breakfast this morning, so she is very hungry now.

タスク 2

原因と結果の選択肢を生徒各自で考えて書き出し、ペアになってお互いの選択肢に答えることで因果関係が論理的か、そして他の人にも伝わるかを確認することも可能です。

1. 原因と結果が一致する組み合わせを自分で考えて下の表に記入しましょう。

Cause（原因）	Effect（結果）
a.	1.
b.	2.
c.	3.
d.	4.
e.	5.

2. ペアになり、お互いの表から原因と結果が一致する組み合わせを選び、接続詞などを用いて文としてつなげましょう。

3. ペアの人が作った文を確認し、自分の考えた因果関係がうまく伝わったか、接続詞の使い方が正確かを確認しましょう。

3　パラグラフ の指導

文単位で因果関係が明確に表現できるようになったら、パラグラフ単位で書けるようにします。原因と結果を説明するパラグラフでは、それぞれ「原因・理由」または「結果・影響」に焦点を置いた書き方ができます。ここではまず、「結果・影響」に焦点を置いた書き方の指導から説明します。

3.1 Effectを説明するパラグラフの構成

トピック・センテンスで事象の「原因・理由」を述べ、その「結果・影響」に焦点を当てます。続くサポーティング・センテンスでは、そのCauseが導いた結果や与えた影響（Effect）を説明します。まとめのコンクルーディング・センテンスでは、事象の「原因・理由」とともに「結果・影響」をもう一度述べます。

図15：「結果・影響」を説明するパラグラフの構成

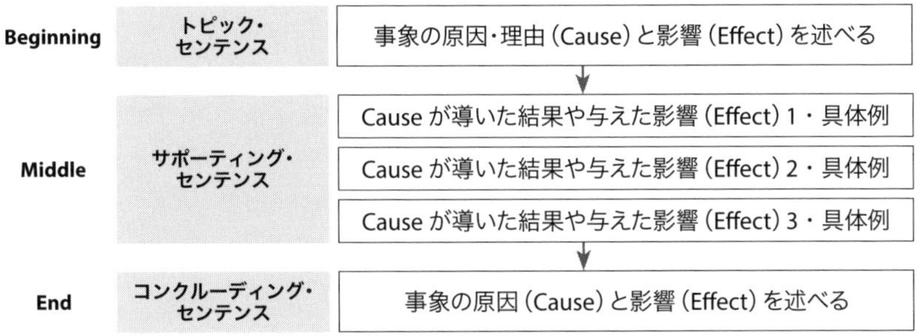

3.2 指導の手順

パラグラフ・ライティングで因果関係を明確に書くためには、トピック・センテンスの立て方が鍵になります。一貫性のある文章を書かせるためには下記の点に注意して指導するとよいでしょう。

- パラグラフの焦点が「結果・影響（Effect）」であることを生徒に明確に示す
- パラグラフ内で説明するEffectの数は3点以内に収めさせる（多い場合は3つのカテゴリーに分類する）
- CauseとEffectの因果関係を整理させる（負の相関関係か正の相関関係か、2つの事柄の単純な因果関係か複数の事柄の連鎖的な因果関係か、など）

Effectを説明するパラグラフを書かせるのに適したテーマ例を2つ見てみましょう。

3.2.1　Effect パラグラフを書く ①「高校生活で私が良い影響を受けたこと」

目標

自分が影響を受けた事柄をいくつか記述するパラグラフを書くことを目標とします。ここでは、高校生活を振り返り、良い影響を受けたと思われる事柄をテーマに、指導手順を説明します。

指導手順

Step 1　Brainstorming

高校生活で良い影響を受けたと思える事柄を列挙し、その「結果・影響（Effect）」に焦点を当てます。高校生になって始めたことを思い出させ、友人、先生、部活、勉強などについて考えさせます。

Step 2　Outlining

1）Step 1 で挙げたものの中から説明しやすいものを 1 つ選び、その具体的な影響を 3 つ挙げさせます。多い場合は 3 つのカテゴリーにまとめさせると構成が考えやすくなります。下記のように、3 つの影響を図式化すると内容が整理しやすくなるでしょう。この段階では日本語でメモを作成しても構いません。ここでは、「ダンス部に入ったことが自分に良い影響をもたらした」として部活の影響をテーマに書いてみます。

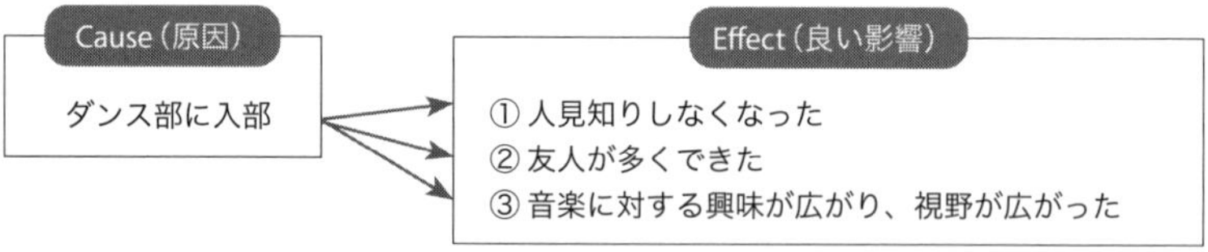

2）具体的に考えた「影響」をもとにパラグラフの構成を考えます。次の図のように、先述の「結果・影響を説明するパラグラフの構成」（図 15, p. 125）を参考にすると構成が考えやすいでしょう。ここでメモをもとに英語で文を作ると、次の段階でパラグラフが書きやすくなります。

トピック・センテンス	Joining the dance club (Cause) has had a positive effect on me.
サポーティング・センテンス	(Effect) ① became less shy ② made many friends/good at making friends ③ widen my interests (I became interested in many kinds of music)
コンクルーディング・センテンス	Joining the dance club (Cause) has made me better (Effect).

Step 3 **Writing a paragraph**

因果関係を整理させながら、適切な英語表現を使ってパラグラフを書きます。「因果関係を表す英語表現」（表 9, p. 122）で扱った表現を参考にしてください。

例：Dancing **made** me less shy **because I** need to move my body and use my facial expression when I am dancing.

サンプル・パラグラフ 1

Positive Effects of Joining the Dance Club

Joining the dance club **has had a positive effect on** me. ① First of all, dancing has **made** me less shy **because** I need to move my body and use my facial expressions when I am dancing. I can forget about other people when I am dancing and **thus** I am not afraid of showing myself to others now. ② In addition, I have made many friends **thanks to** dancing. Although I was shy at first, I **became** good at making friends **because** communication is important when dancing. ③ Another positive effect is that I became interested in different kinds of music. In our dance club, we use a variety of music genres such as hip-hop, R&B, and pop songs in different languages. **As a result**, my interests have widened and I enjoy listening to many different kinds of music now. *Joining the dance club has changed me for the better, and it is one of the best decisions I have ever made.*

3.2.2　Effectパラグラフを書く②「医学の進歩の影響」

目標

「3.2.1　Effectパラグラフを書く①」よりも複雑に絡み合った事象の結果・影響を説明するパラグラフを書くことを目標とします。ここでは、医学の進歩が人類にどのような影響を与えたかをテーマに指導手順を説明します。

指導手順

Step 1　Brainstorming

医学の進歩が人類に与えた影響を列挙し、「結果・影響（Effect）」に焦点を当てさせます。テーマによっては、この段階で内容についてよく調べ、因果関係について考察する必要があります。テーマについての理解や因果関係があやふやなままだと、実際に文章を書く段階で混乱が生じるので注意が必要です。

Step 2　Outlining

1）このテーマのように複雑に絡み合った要素の因果関係について書く場合は、関係する要素をすべて書き出し、因果関係を整理します。下記のように、図式化させて内容を整理するとわかりやすいです。この段階では日本語でメモを作成しても構いません。ここでは、「医学の進歩が原因で人口が増えた」という因果関係について、3つの要素（下図のEffect-1）に焦点を絞って説明します。

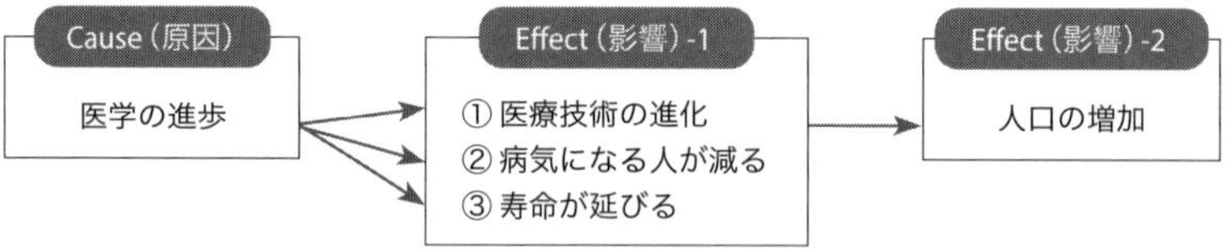

2）整理した内容をもとにパラグラフの構成を考えます。次の図のように、先述の「結果・影響を説明するパラグラフの構成」（図15, p. 125）を参考にすると構成が考えやすいでしょう。ここでメモをもとに英語で文を作ると、パラグラフが書きやすくなります。

トピック・センテンス	The advancement in medical science (Cause) has led to an increase in the number of people in the world (Effect-2).
サポーティング・センテンス	(Effect-1) ① more and more types of medicine & medical technology ② More people can get better treatment and fewer people get diseases. ③ People can live longer.
コンクルーディング・センテンス	Because of the advancement in medical science (Cause), there has been an increase in the number of people living in the world today (Effect-2).

Step 3　Writing a paragraph

因果関係を整理しながら、適切な英語表現を使ってパラグラフを書きます。「因果関係を表す英語表現」（表 9，p. 122）を参考にしてください。

例：**As a result**, more people can get treatment and fewer people get diseases.

サンプル・パラグラフ 2

Effects of Advancement in Medicine

The advancement in medical science **has led to** an increase in the number of people in the world. ① There are more and more types of medicine, vaccines and medical technologies now. ② **As a result**, more people can get better treatment and fewer people get diseases. ③ This increase in disease treatment and prevention **causes** a decrease in the number of people who die from diseases, and people can live longer today. ***As a result**, there has been an increase in the number of people living in the world today.*

3.3　Cause を説明するパラグラフの構成

トピック・センテンスで事象の「結果・影響」を述べ、その「原因・理由」に焦点を当てます。続くサポーティング・センテンスでは、「原因・理由」や具体例を説明します。まとめのコンクルーディング・センテンスでは、事象の「結果・影響」とともに「原因・結果」をもう一度述べます。

図 16：「原因・理由」を説明するパラグラフの構成

Beginning	**トピック・センテンス**	事象の結果・影響（Effect）と原因・理由（Cause）を述べる
Middle	**サポーティング・センテンス**	結果・影響（Effect）の原因や理由（Cause）1・具体例
		結果・影響（Effect）の原因や理由（Cause）2・具体例
		結果・影響（Effect）の原因や理由（Cause）3・具体例
End	**コンクルーディング・センテンス**	事象の結果・影響（Effect）と原因・理由（Cause）を述べる

3.4　指導の手順

先述のとおり、パラグラフ・ライティングで因果関係を明確に書くためには、トピック・センテンスの立て方が鍵になります。一貫性のある文章を書かせるためには下記の点に注意して指導するとよいでしょう。

・パラグラフの焦点が、「原因・理由（Cause）」であることを生徒に明確に示す
・パラグラフ内で説明させる Cause の数は 3 点以内に収める（多い場合は 3 つのカテゴリーに分類する）
・Cause と Effect の因果関係を整理させる（負の相関関係か正の相関関係か、2 つの事柄の単純な因果関係か複数の事柄の連鎖的な因果関係か、など）

Cause を説明するパラグラフを書かせるのに適したテーマ例を 2 つ見てみましょう。

3.4.1　Cause パラグラフを書く ①「今の部活動に参加した理由」

目標

理由や原因をいくつか記述するパラグラフを書くことを目標とします。ここでは、現在取り組んでいる部活動や課外活動を始めた理由をテーマとします。

指導手順

Step 1　Brainstorming

現在所属している部活動や課外活動に参加した理由を列挙し、「原因・理由(Cause)」に焦点を当てます。部活やボランティア活動、習いごとを始めるきっかけとなった出来事や影響を受けた人物などについて振り返り、考えさせます。

Step 2　Outlining

1）Step 1 で挙げたものの中から説明しやすいものを 1 つ選び、その活動を始めた具体的な理由を 3 つ挙げさせます。理由の数が多い場合は 3 つのカテゴリーにまとめると構成が考えやすくなります。下記のように、3 つの理由や原因を図式化すると内容が整理しやすいでしょう。この段階では日本語でメモを作成しても構いません。ここでは「ダンス部になぜ入部したか」という部活動の入部理由をテーマに書いてみます。

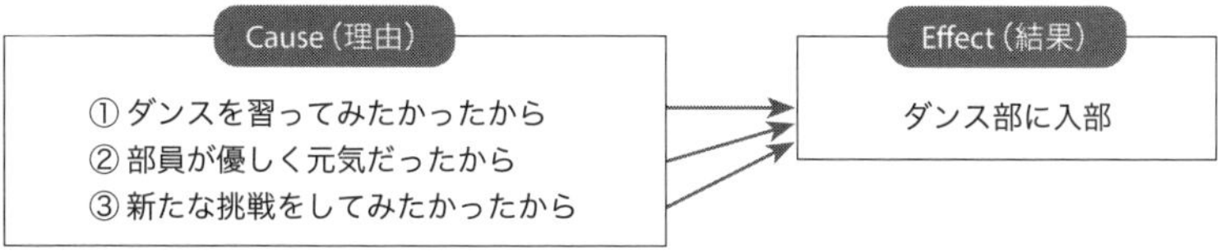

2）整理した内容をもとにパラグラフの構成を考えさせます。次の図のように、先述の「原因・理由を説明するパラグラフの構成」（図 16，左ページ）を参考にすると構成が考えやすいでしょう。ここでメモをもとに英語で文を作ると、パラグラフが書きやすくなります。

トピック・センテンス	I decided to join the dance club (Effect) for several reasons.
サポーティング・センテンス	(Cause) ① I wanted to learn to dance. ② Club members were kind and energetic. ③ I wanted to challenge myself by trying something new.
コンクルーディング・センテンス	These are the reasons why I decided to join the dance club, and I hope to become a good dancer (Effect).

Step 3　Writing a paragraph

因果関係を整理させながら、適切な英語表現を使って書きます。「因果関係を表す英語表現」（表9，p. 122）を参考にしてください。

例：**Because of** the friendly atmosphere, I felt very comfortable talking to them.

サンプル・パラグラフ 3

Reasons for Joining the Dance Club

I decided to join the dance club for several reasons. ① The main reason is that I wanted to learn to dance. I had never tried dancing before, but one of the dance club members showed me some easy dance steps and I really enjoyed it. This **made** me want to learn more dance moves and steps. ② Another reason is that the club members seemed very kind and energetic. It usually takes time for me to talk to new people, but I was able to make friends easily when I went to the club practice for the first time. **Because of** the friendly atmosphere, I felt very comfortable talking to them. ③ Finally, I wanted to challenge myself by trying something new. I am still a beginner in dancing, but this new challenge will **help** me get new experiences. *These are **the reasons why** I joined the dance club, and I hope to become a good dancer.*

3.4.2 Cause パラグラフを書く ②「人口増加の理由」

目標

3.4.1 で書いたパラグラフよりも複雑に絡み合った事象の原因・理由について説明するパラグラフを書くことを目標とします。ここでは世界の人口が増加している原因と理由をテーマとします。

指導手順

Step 1 Brainstorming

生徒に人口増加の理由を列挙させ、「原因・理由（Cause）」に焦点を当てさせます。テーマによっては、この段階で内容についてよく調べ因果関係について考察する必要があります。テーマについての理解や因果関係があやふやなままだと、実際に文章を書く段階で混乱が生じやすいので注意が必要です。

Step 2 Outlining

1）このテーマのように複雑に絡み合った要素の因果関係について書く場合は、関係する要素をすべて書き出し、因果関係を整理させます。下記のように、図式化させて内容を整理するとわかりやすいです。ここでは、「世界の人口が増えた」理由について、2 つの要素（下図の Cause-1）に焦点を絞って説明します。

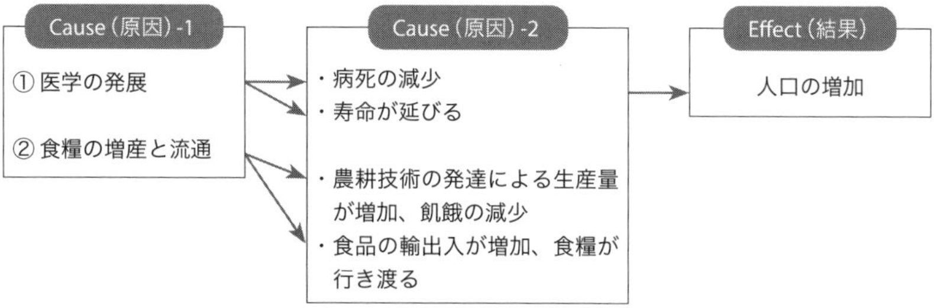

2）整理した内容をもとにパラグラフの構成を考えます。次の図のように、先述の「原因・理由を説明するパラグラフの構成」（図 16, p. 130）を参考にすると構成が考えやすいでしょう。ここでメモをもとに英語で文を作ると、パラグラフが書きやすくなります。

トピック・センテンス	The number of people in the world has been increasing (Effect) for two main reasons.
サポーティング・センテンス	(Cause 1 & 2) ① advancement in medical science (Cause-1) → more people get better treatment, fewer people who die from diseases → people can live longer ② increased food production and management (Cause-1) → prevent food shortage and hunger, more food production because of advanced farming tools and machines → food is imported and exported more easily thanks to airplanes and ships.
コンクルーディング・センテンス	As a result, there has been an increase in the number of people living in the world today (Effect).

Step 3　Writing a paragraph

因果関係を整理しながら、適切な英語表現を使って書きます。「因果関係を表す英語表現」（表9, p. 122）を参考にしてください。

例：First of all, advancement in medical science **has enabled** more people to get treatment and has **led to** a decrease in the number of people who die from diseases.

サンプル・パラグラフ 4

Reasons for Increase in Population

The number of people in the world has been increasing for two main reasons. ① First of all, advancement in medical science **has enabled** more people to get better treatment and has **led to** a decrease in the number of people who die from diseases. **Because of** this decrease in the number of deaths, people can live longer today. ② Another reason is that increased food production and management **has prevented** a food shortage and hunger. **Due to** advanced farming tools and machines, there has been an increase in the amount of food production globally. Food can also be imported and exported much more easily to different locations **thanks to** airplanes and ships. ***As a result****, there has been an increase in the number of people living in the world today.*

4　エッセイの指導

1つのパラグラフを書く際、「原因・理由（Cause）」と「結果・影響（Effect）」のいずれかに焦点を当てる必要があるため、Cause と Effect の双方について詳しく記述する場合は、複数のパラグラフを用いたエッセイを書かせるとよいでしょう。ここでは、2つのパラグラフからなるエッセイを、アウトラインから書く方法を説明します。

4.1　原因と結果を表すエッセイの構成

原因と結果を説明するエッセイでは、因果関係の示し方には主に2通りの文章構成が考えられます。

図17：2つのエッセイ構成パターン

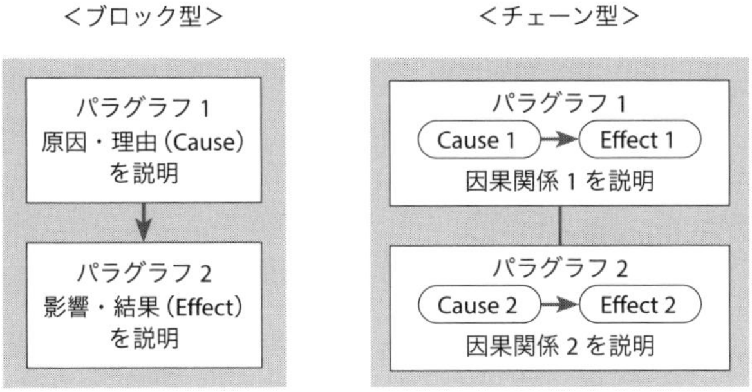

ブロック型（Block style）：

1つのパラグラフで「原因・理由（Cause）」を説明し、続くパラグラフでその「影響・結果（Effect）」について説明します。1つの原因・理由について複数の影響や結果が考えられる場合や、因果関係が単純で分かりやすい内容に適しています。

チェーン型（Chain style）：

1つのパラグラフで「原因・理由（Cause）」と「影響・結果（Effect）」の因果関係を説明し、続くパラグラフで別の因果関係を説明します。因果関係が複雑に絡み合った内容をそれぞれ整理して説明するのに適しています。

4.2　Cause and Effect エッセイを書く「現在参加している課外活動」

目標

課外活動のテーマをもとに、2 つのパラグラフからなる短いエッセイを書くことを目標とします。説明したい内容に応じ、ブロック型とチェーン型の 2 種類類のエッセイ構成を使い分けられるようになるとよいでしょう。

エッセイ・テーマ

あなたが参加している課外活動について、活動に参加した理由と活動に参加したことで受けた影響を論じなさい。

指導手順

Step 1　Brainstorming

1）生徒に高校で参加している課外活動について列挙させ、そのうちテーマに沿って書きやすそうな活動を 1 つ選ばせます。

2）選んだ活動について、参加理由と自身が受けた影響について振り返り、「原因・理由（Cause）」と「影響・結果（Effect）」を整理します。下図のように図式化することで、内容が整理しやすくなります。この段階では日本語でメモを作成しても構いません。

Step 2 Outlining

Step1 で書き出した内容をもとに、ブロック型とチェーン型のどちらが書きやすいか考え、エッセイの構成を決めます。「4.1 原因と結果を表すエッセイの構成」（p. 135）を参考に、構成のイメージをさせてから下の表のように書き出すとわかりやすいです。この段階で、英語で文を作るように指導すると次の段階で文章が書きやすくなるでしょう。

ブロック型の構成

ダンス部に入部した理由と影響をそれぞれ3点ずつ挙げる構成になっています。

エッセイの主題を 表す文 （Thesis statement）	I have been a member of the dance club since I started high school.
パラグラフ 1 原因・理由（Cause） を説明	**トピック・センテンス**
	There are several reasons why I joined the club.
	サポーティング・センテンス
	① I wanted to learn to dance. ② Club members seemed very kind and energetic. ③ I wanted to challenge myself by trying something new.
	まとめの文 These are the reasons why I joined the dance club.
パラグラフ 2 影響・結果（Effect） を説明	**トピック・センテンス**
	Joining the dance club has had a positive effect on me.
	サポーティング・センテンス
	① Dancing has made me less shy. ② I have made many friends. ③ I became interested in different kinds of music.
	まとめの文 Joining the dance club has changed me for the better and it is one of the best decisions I have ever made.
コンクルーディング・ センテンス	I feel lucky to be a member of the dance club and am enjoying my high school life thanks to my club activity.

チェーン型の構成

部活動に参加したことで自分が得られたものを「友人」と「ダンス」の2つに分け、因果関係をそれぞれ説明する構成です。

エッセイの主題を表す文 （Thesis statement）	I have been a member of the dance club since I started high school.
パラグラフ1 因果関係1 （友人）を説明	**トピック・センテンス**
	Making friends and communicating with club members has been the most important thing for me in my club activity.
	サポーティング・センテンス
	① The members seemed very kind and energetic.（Cause 1） →② I became good at making friends.（Effect 1）
	まとめの文 So, joining the dance club has taught me how to make friends and communicate with others.
パラグラフ2 因果関係2 （ダンス）を説明	**トピック・センテンス**
	Another important thing is that I have come to love dancing by joining the dance club.
	サポーティング・センテンス
	① I wanted to learn to dance.（Cause 2） →② I became less shy by learning how to dance.（Effect 2）
	まとめの文 The dance club has changed me for the better and it is one of the best decisions I have ever made.
コンクルーディング・センテンス	Joining the dance club has made me discover my love for dancing and the importance of making friends, and has made my high school life enjoyable.

Step 3　Writing an essay

因果関係を整理しながら、適切な英語表現を使ってエッセイを書きます。「因果関係を表す英語表現」（表 9，p. 122）を参考にしてください。

サンプル・エッセイ 1：Block style organization

Joining the Dance Club

I have been a member of the dance club since I started high school. There are several reasons why I joined the club. ① The main reason was that I wanted to learn to dance. I had never tried dancing before, but one of the dance club members showed me some easy dance steps and I really enjoyed it. This **made** me want to learn more dance moves and steps. ② Another reason was that the club members seemed very kind and energetic. It usually takes time for me to talk to new people, but I was able to make friends easily when I went to the club practice for the first time. **Because of** the friendly atmosphere, I felt very comfortable talking to them. ③ Moreover, I wanted to challenge myself by trying something new. I am still a beginner in dancing, but this new challenge can **help** me gain new experiences. These are **the reasons why** I joined the dance club.

Joining the dance club has had a positive effect on me. ① First of all, dancing **has made** me less shy **because** I need to move my body and use my facial expressions when I am dancing. I can forget about other people when I am dancing, **thus** I am not afraid of showing myself to others now. ② In addition, I have made many friends **thanks to** dancing. Although I was shy at first, I **became** good at making friends **because** communication is important when dancing. ③ Another positive effect is that I became interested in different kinds of music. In our dance club, we use a variety of music such as hip-hop, R&B and pop songs in different languages. **As a result**, my interests have widened and I enjoy listening to many different kinds of music now. Joining the dance club has changed me for the better and it is one of the best decisions I have ever made. *I feel lucky to be a member of the dance club and am enjoying my high school life* ***thanks to*** *my club activity.*

サンプル・エッセイ 2：Chain style organization

What I Gained from Joining the Dance Club

I have been a member of the dance club since I started high school. Making friends and communicating with club members has been the most important thing for me in my club activity. ① One of the reasons for joining the club was that the members seemed very kind and energetic. It usually takes time for me to talk to new people, but I was able to make friends easily when I went to the club practice for the first time. **Because of** the friendly atmosphere, I felt very comfortable talking to them. ② **Because** communication is important when dancing, I **became** good at making friends. Although I was shy at first, I could make many friends **thanks to** dancing. So, joining the dance club has taught me how to make friends and communicate with others.

Another important thing is that I have come to love dancing by joining the dance club. ① The main reason I joined the club was that I wanted to learn to dance. I had never tried dancing before, but one of the dance club members showed me some easy dance steps, and I really enjoyed it. This **made** me want to learn more dance moves and steps. ② **As a result of** learning how to dance, I became less shy **because** I need to move my body and use my facial expression when I am dancing. I can forget about other people when I am dancing, **thus** I am not afraid of showing myself to others now. The dance club has changed me for the better, and it is one of the best decisions I have ever made. *Joining the dance club has **made** me discover my love for dancing and the importance of making friends, and has **made** my high school life enjoyable.*

また、このような「原因と結果を説明するエッセイ」の形を応用することで、「特定の問題とその解決策」を論じることも可能です（詳しくは次節「2.5.d Expository Writing—Problem and Solution」を参照）。

2.5.d　Expository Writing—Problem and Solution
説明文：問題と解決策を説明する文章

1　問題・解決策を説明する文章とは何か？

1.1　説明と指導目標

ある事柄の問題点を提示したり、その解決策を提案したりする文章です。「2.5.c. Expository Writing—Cause and Effect」（p. 121）の節でも述べた、原因と結果を説明するタイプの文章を発展させた形の文章とも言えます。また、問題や解決策を詳しく説明する必要もあるため、「2.4 Descriptive Writing」（p. 90）の表現や文法事項も活用できます。そのため、このタイプの文章は、説明文や描写文など他のタイプの様々な文章の基本型に慣れた段階で取り組むのがお勧めです。

1.2　指導の留意点

パラグラフ単位で書く場合、Cause and Effect（原因と結果を説明する）タイプと同様に、パラグラフの内容を「問題（Problem）」または「解決策（Solution）」のいずれかに焦点を絞って説明する必要があります。1つのパラグラフで問題と解決策を同時に説明することは、文章内容と構成が分かりにくくなるため避けた方がよいでしょう。

2　センテンスレベルの指導

2.1　問題と解決策を表す文

まずは重文を用いて、問題と解決策を1文で表す練習をしましょう。問題と解決策を接続詞を用いて論理的に表現します。主に下記の3通りがあります。

1. 問題＋, so＋解決策
   例：My tooth hurts（問題）, so I went to the dentist（解決策）.
2. 解決策＋for/because/since＋問題
   例：I went to the dentist（解決策）because my tooth hurt（問題）.
3. 解決策＋; otherwise/or ＋解決策を取らないと生じる問題
   例：I should go to the dentist（解決策）; otherwise, my tooth will hurt more（問題）.

2.2　文単位で因果関係を示すマッチング・タスク

以下のようなマッチング・タスクで接続詞の使い方を練習させるとよいでしょう。

タスク 1

1. 問題と解決策が一致する組み合わせを選びましょう。

Problem（問題）	Solution（解決策）
a. I didn't have an umbrella.	1. I changed into new clothes.
b. Lucy was hungry.	2. She ate a lot.
c. My clothes were all wet from the rain.	3. I went inside the building to avoid the rain.
d. It was getting late at night.	4. She uses an alarm clock.
e. Alice cannot get up early in the morning.	5. We went home.

2. 各組み合わせを、接続詞を用いて文としてつなげましょう。

　例：I didn't have an umbrella, so I went inside the building to avoid the rain.

解答

1. a – 3，b – 2，c – 1，d – 5，e – 4
2. a) I didn't have an umbrella, so I went inside the building to avoid the rain.
　b) Lucy ate a lot, for she was hungry.
　c) I changed into new clothes because my clothes were all wet from the rain.
　d) It was getting late at night, so we went home.
　e) Alice cannot get up early in the morning, so she uses an alarm clock.

3　パラグラフの指導

文単位で問題と解決策が表現できるようになったら、パラグラフ単位で説明できるようにします。問題と解決策を説明する文章では、それぞれ「問題（Problem）」または「解決策（Solution）」に焦点を置いた書き方ができます。ここではまず、「問題（Problem）」に焦点を置いた書き方の指導から説明します。

3.1 問題（Problem）を説明するパラグラフの構成

トピック・センテンスで問題点を明確に述べます。続くサポーティング・センテンスでは、問題点を詳しく説明します。5W1H（who, what, when, where, why, how）の情報を用いると整理しやすくなります。コンクルーディング・センテンスでは、問題点をもう一度述べます。コンクルーディング・センテンスで解決策を簡単に述べる場合もありますが、パラグラフの一貫性を持たせるためには問題を再度述べるので十分です。

図 18：「問題」を説明するパラグラフの構成

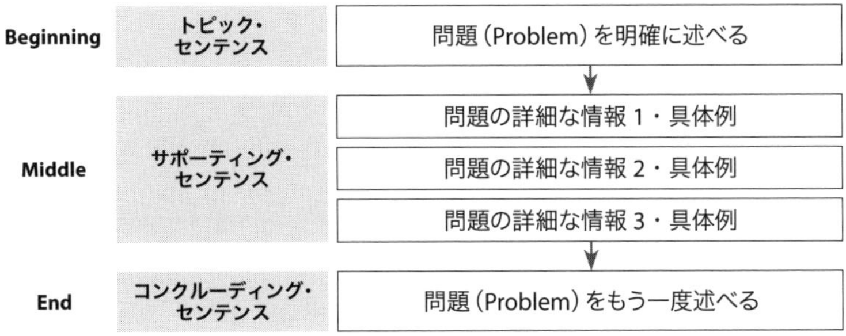

3.2 問題（Problem）を説明するパラグラフ

パラグラフ単位で「問題（Problem）」を説明します。一貫性のある文章を書かせるためには下記の点に注意して指導するとよいでしょう。

- パラグラフの焦点が「問題（Problem）」であることを生徒に明示する。
- 文章を書く前に、パラグラフ内で説明する「問題点（Problem）」についての情報を整理させる。
- Where and/or when? What are the causes of the problem? What and/or who is affected by the problem? How does the problem affect our life? Why is the problem serious for us? などの質問を用いると情報が整理しやすくなります。

Problem を説明するパラグラフを書くのに適したテーマ例を見てみましょう。

3.2.1　Problem パラグラフを書く「自分の身の回りにある問題」

目標

自分の身の回りに存在する「問題」について考え、それがなぜ問題となるのかを詳しく説明する文章を書くことが目標です。

指導手順

Step 1　Brainstorming

生徒の日常生活において解決すべき「問題（Problem）」だと思うことを列挙し、なぜそれが問題なのかを書き出させます。マインド・マップなどを用いて、学校生活、部活動、通学路、自宅の周辺などについて考えさせるとよいでしょう。

Step 2　Outlining

1）Step 1 で挙げたものの中から説明しやすいものを 1 つ選び、その問題についての詳細な情報を 3 つ挙げさせます。情報が多い場合は 3 つのカテゴリーにまとめると構成が考えやすくなります。ここで、5W1H 情報を使って整理させるとよいでしょう（質問例：Where and/or when? What are the causes of the problem? What and/or who is affected by the problem? How does the problem affect our life? Why is the problem serious for us?）

下記のように、情報を図式化すると構成が考えやすくなります。この段階では日本語でメモを作成しても構いません。ここでは、「スマートフォンの使いすぎ」をテーマに書いてみます。

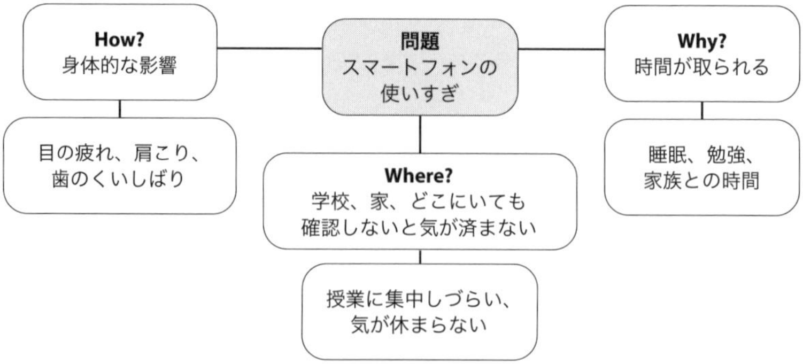

2）具体的に考えた問題の詳細をもとにパラグラフの構成を考えます。先述の「問題を説明するパラグラフの構成」（図 18, p. 143）を参考にすると構成が考えやすいでしょう。ここでメモをもとに辞書を用いて英語で文を作ると、次の段階でパラグラフが書きやすくなります。

トピック・センテンス	Using smartphones all the time is a major problem for students.
サポーティング・センテンス	① takes up a lot of time for studying, sleeping, participating in club activities, or spending time with their friends and family → Students feel that they do not have enough time. ② cause various health issues (eye strain, a stiff neck or jaw clenching) → Students suffer from health problems.
コンクルーディング・センテンス	Therefore, excessive use of smartphones can be a problem for students.

Step 3　Writing a paragraph

Step 2 で作成した構成をもとにパラグラフを書きます。前節の「2.5.c Expository Writing—Cause and Effect」で扱った因果関係を表す英語表現を用いるとよいでしょう。「因果関係を表す英語表現」（表 9, p. 122）にまとめた表現を参考にしてください。

例：Also, too much screen time can **cause** various health issues.

サンプル・パラグラフ 1

A Problem for Students

Using smartphones all the time is a major problem for students. ① First of all, using smartphones may take up a lot of time that students can otherwise use for studying, sleeping, participating in club activities, or spending time with their friends and family. **As a result,** students may feel that they do not have enough time for things that are important to them. ② Also, too much screen time can **cause** various health issues such as eye strain, a stiff neck, or jaw clenching. It is said that more and more students suffer from such health problems. If students continue using smartphones all the time, they may suffer from health issues. *Therefore, excessive use of smartphones can be a problem for students.*

3.3　解決策（Solution）を説明するパラグラフの構成

トピック・センテンスで解決策を明確に述べます。続くサポーティング・センテンスでは、解決策の詳細な情報を説明します。5W1H（who, what, when, where, why, how）の情報を用いると整理しやすくなります。コンクルーディング・センテンスでは、解決策をもう一度述べます。

図 19：「解決策」を説明するパラグラフの構成

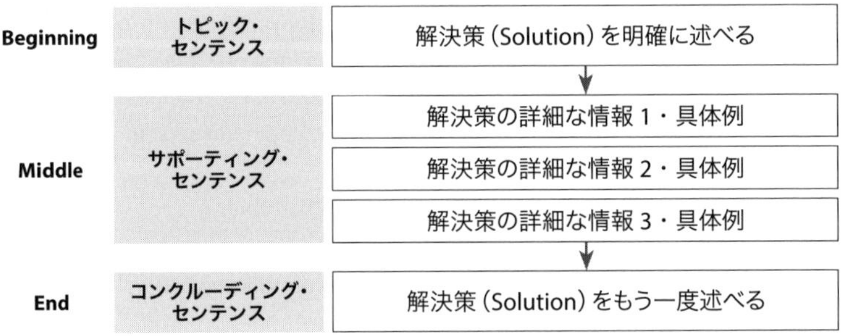

3.4　解決策（Solution）を説明するパラグラフ

パラグラフ単位で「解決策（Solution）」を説明します。一貫性のある文章を書かせるためには下記の点に注意して指導するとよいでしょう。

- パラグラフの焦点が「解決策（Solution）」であることを生徒に明示する。
- 文章を書かせる前に、パラグラフ内で説明する「解決策（Solution）」についての情報を整理させる。
- Where and/or when? Who will be impacted? What are the effects of this solution? What will happen if we do not adopt this solution? Why is this solution effective? How will this idea solve the problem? などの質問を用いると情報が整理しやすくなります。
- 文章を書かせる前に、問題（Problem）と解決策（Solution）の因果関係を整理させる。提案した解決策が問題にどのように対処できるのかを具体的に考えておきましょう。問題（Problem）と解決策（Solution）の因果関係が負の関係か正の関係か、個別の因果関係か連鎖的な因果関係か、などを整理することで解決策が説明しやすくなります。

解決策を説明するパラグラフを書くのに適したテーマ例を見てみましょう。

3.4.1 Solution パラグラフを書く「自分の身の回りにある問題の解決策」

目標

身の回りに存在する問題の「解決策」を考え、詳しく説明する文章を書くことを目標とします。自分の考えた解決策が問題に対してどのように対処できるかを具体的に記述できるようにしましょう。

指導手順

提案する解決策が問題をどのように対処できるのかを具体的に考えさせる必要があるため、Step 1 の途中までは先述の「問題（Problem)」を説明するパラグラフの指導手順と同じです。

Step 1　Brainstorming

1) 日常生活で「問題（Problem)」だと思うことを列挙し、なぜそれが問題なのかを書き出させます。マインド･マップなどを用いて、学校生活、部活動、通学路、自宅の周辺などについて考えさせるとよいでしょう。

2) 1) で挙げた「問題」の中から説明しやすいものを 1 つ選び、その問題についての詳細な情報を 3 つ挙げます。情報が多い場合は 3 つのカテゴリーにまとめると構成が考えやすくなります。この段階では日本語でメモを作成しても構いません。ここでは、「スマートフォンの使いすぎ」をテーマに書いてみます。

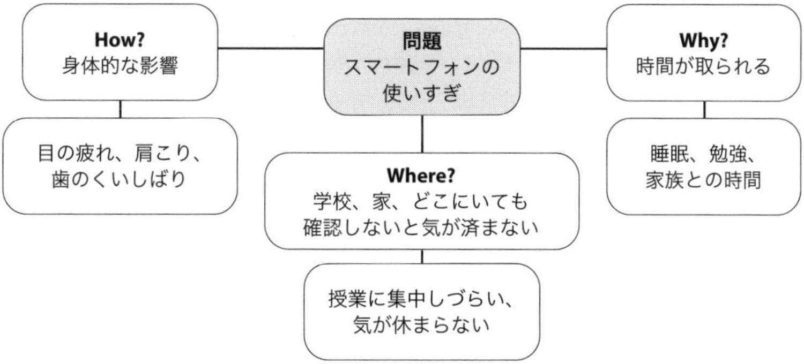

3）具体的に考えた問題点の詳細をもとに解決策を考えます。ここで、5W1H 情報を使って整理するとよいでしょう（質問例：Where and/or when? Who will be impacted? What are the effects of this solution? What will happen if we do not adopt this solution? Why is this solution effective? How will this idea solve the problem?）。下図のように、考えた解決策が問題に対して具体的にどのように対処しているのかを図式化すると考えが整理しやすくなります。

問題（Problem）
スマートフォンの使いすぎ

・時間が取られる
・身体的な影響
・気が休まらない（どこにいても確認しないと気が済まない）

→

解決策（Solution）
タイマーを設定し、使用時間を決める

・時間の管理がしやすい
・身体に負担にならないような時間制限を設定できる
・時間制限を設けることでスマートフォンを使わない時間が作れる

Step 2　Outlining

下図のように、先述の「解決策を説明するパラグラフの構成」（図 19, p. 146）を参考にすると構成が考えやすいでしょう。ここで Step 1 のメモをもとに辞書を用いて英語で文を作ると、次の段階でパラグラフが書きやすくなります。

トピック・センテンス	Students can avoid using smartphones too much by setting a timer on their phone.
サポーティング・センテンス	① can help students manage their time well → spend more time on other things ② make students look away from the screen and remind them to take a break → Looking away from the phone screen every 20 minutes prevents eye strain and other health problems. ③ helps students relax at home and focus in classes → They do not have to worry about checking their smartphones all the time.
コンクルーディング・センテンス	Thus, students can avoid excessive use of smartphones by setting a timer.

Step 3 Writing a paragraph

Step 2 で作成した構成をもとにパラグラフを書きます。前節の「2.5.c Expository Writing—Cause and Effect」で扱った因果関係を表す英語表現を用いるとよいでしょう。「因果関係を表す英語表現」（表 9, p. 122）で扱った表現を参考にしてください。

例：Finally, setting a timer **helps** students relax at home and focus in classes.

サンプル・パラグラフ 2

Solution for Smartphone Overuse

Students can avoid using smartphones too much by setting a timer on their phone. ① **Because** using smartphones may take up a lot of time that students can spend on other things, setting a timer can **help** students manage their time well. **Consequently**, they can spend more time on other things such as studying, sleeping, participating in club activities, or talking to their friends and family. ② Also, some doctors recommend taking a break and looking away from the phone screen every 20 minutes to **prevent** eye strain and other health problems. Setting a timer will **make** students look away from the screen and remind them to take a break. ③ Finally, setting a timer **helps** students relax at home and focus in class. If students set a timer for not using their smartphones, they do not have to worry about checking it all the time. *Thus, students can avoid excessive use of smartphones by setting a timer.*

4 エッセイの指導

Cause and Effect（原因と結果を説明する）タイプと同様に、問題（Problem）と解決策（Solution）の双方について詳しく記述したい場合は、複数のパラグラフからなるエッセイを書くことができます。このタイプのエッセイは特に複雑な構成になるため、他の章や節で紹介しているタイプの文章が十分に書ける、余力がある高校生や大学生にお勧めです。

4.1　問題と解決策を説明するエッセイの構成

問題点と解決策を説明するエッセイでは、いくつかの構成パターンが考えられます。余力のある生徒には、本論のパラグラフ数を増やすことで長文のエッセイを書かせることも可能です。

図 20：3 つのエッセイ構成パターン

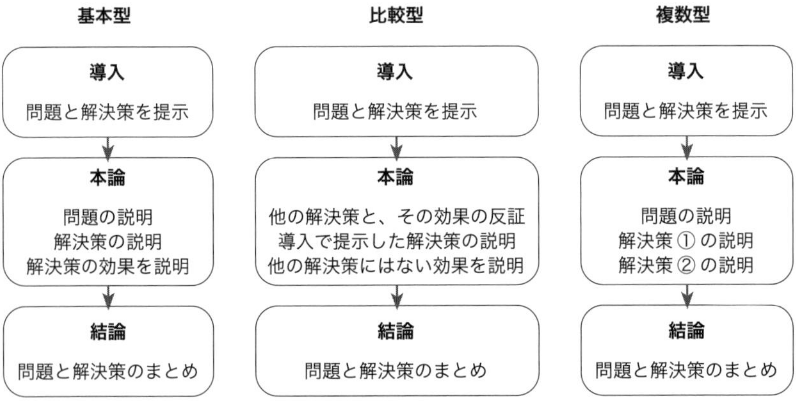

基本型：1 つ目のパラグラフで「問題（Problem)」を説明し、続くパラグラフでその「解決策（Solution)」について説明します。最後に、その解決策の効果を具体的に説明します。問題と解決策の因果関係が単純で分かりやすい内容に適しています。

比較型：1 つ目のパラグラフで他に考え得る「解決策（Solution)」を提示し、その解決策には効果がないことを説明します。続くパラグラフでは、導入部で提示した「解決策（Solution)」について説明します。最後に、その解決策の効果を具体的に説明します。1 つの問題について解決策がいくつか考えられ、そのうちの 1 つの解決策を特に提案したい場合に適しています。

複数型：1 つ目のパラグラフで「問題（Problem)」を説明し、続くパラグラフでその「解決策（Solution)」を 1 つ説明します。次に、2 つ目の解決策について説明します。1 つの問題について解決策がいくつか考えられ、それぞれ効果のある解決策として提案したい場合に適しています。

どの構成パターンが最適なのかは、エッセイの内容によります。ここでは「身の回りにある問題とその解決策」というテーマをもとに、基本形のエッセイを見てみましょう。

4.2 Problem-Solution エッセイを書く「身の回りにある問題とその解決策」

目標

身の回りに存在する「問題」について考え、その「解決策」を提案する 3 パラグラフ構成のエッセイを書くことを目標とします。

エッセイ・テーマ

あなたの身の回りにある問題について説明し、その解決策を提案しなさい。

指導手順

Step 1 Brainstorming

1）生徒の日常生活で解決すべき「問題」だと思うことを列挙し、なぜそれが問題なのかを書き出させます。マインド・マップなどを用いて、学校生活、部活動、通学路、自宅の周辺などについて考えさせるとよいでしょう。

2）1）で挙げた「問題」の中から説明しやすいものを 1 つ選び、その問題についての詳細な情報とそれぞれに対処できる「解決策」を考えさせます。この段階では日本語でメモを作成しても構いません。

3）書き出した内容をもとに、基本型・比較型・複数型のどの構成が書きやすいか考え、エッセイの構成を決めます。「基本形」の文章構成の場合は、下図のように図式化すると構成が整理しやすくなります。

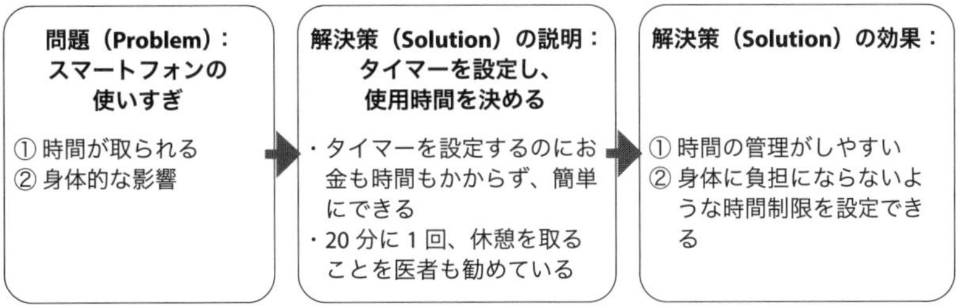

Step 2 Outlining

Step 1 のメモをもとに、次ページの表のように構成を具体的に書き出させます。この段階で、英語で文を作るように指導すると次の段階で文章が書きやすくなるでしょう。ここでは「基本型」の例を示します。

導入 (Thesis statement)	Using smartphones all the time is a major problem for students, so they should set a timer on their phone.
パラグラフ 1 問題の説明・ 具体例	**トピック・センテンス**
	Using smartphones too much can cause two types of problems.
	サポーティング・センテンス
	① takes up a lot of time that students can use for studying, sleeping, participating in club activities, or spending time with their friends and family → Students feel that they do not have enough time. ② cause various health issues (eye strain, a stiff neck or jaw clenching) → Students suffer from health problems.
	まとめの文 If students continue using smartphones all the time, they may regret not having enough time for important things in life and they may suffer from health issues.
パラグラフ 2 解決策の説明・ 具体例	**トピック・センテンス**
	Students can avoid such problems by setting a timer on their phone.
	サポーティング・センテンス
	① easy to do and it does not cost any money ② Doctors recommend taking a break and looking away from the phone screen every 20 minutes.
	まとめの文 Thus, 20 minutes may be an ideal time for setting the timer.
パラグラフ 3 解決策の効果を 説明・具体例	**トピック・センテンス**
	Setting a timer on the phone is an effective solution to prevent students from spending too much time on their smartphones.
	サポーティング・センテンス
	① can help students manage their time well → Students can spend more time on other things. ② makes students look away from the screen and remind them to take a break → prevents eye strain and other health problems
	まとめの文 Therefore, setting a timer will help students avoid problems caused by excessive use of smartphones.
コンクルーディング・ センテンス	Setting a timer may seem like a small action, but it can help students have a healthier and better life.

Step 3 Writing an essay

Step 2で作成した構成をもとにエッセイを書きます。主題を表す文（thesis statement）を書く際には、「2 センテンスレベルの指導」（p. 141）に示した接続詞の使い方を意識させるのがお勧めです。また、前節の「2.5.c Expository Writing—Cause and Effect」で扱った因果関係を表す英語表現も用いるように指導するとよいでしょう。（「表9 因果関係を表す英語表現」p. 122参照）。

例：Using smartphones all the time is a major problem for students**, so** they should set a timer on their phone.

サンプル・エッセイ：基本型（問題点＋解決策＋解決策の効果）

Overuse of Smartphone

Using smartphones all the time is a major problem for students, so they should set a timer on their phone. Using smartphones too much can cause two types of problems. ① First of all, it may take up a lot of time that students can otherwise use for studying, sleeping, participating in club activities, or spending time with their friends and family. **As a result**, they may feel that they do not have enough time for things that are important to them. ② Also, too much screen time can **cause** various health issues such as eye strain, a stiff neck, or jaw clenching. It is said that more and more students suffer from such health problems. If students continue using smartphones all the time, they may regret not having enough time for important things in life and they may suffer from health issues.

Students can avoid such problems by setting a timer on their phone. ① Setting a timer on the smartphone is easy to do and it does not cost any money. They can set the timer for 20 minutes on their phones when they are playing a game or using social media. Then the timer will **make** them stop using their phones when it rings. ② Also, some doctors recommend taking a break and looking away from the phone screen every 20 minutes to **prevent** eye strain and other health problems. Thus, 20 minutes may be an ideal time for setting the timer.

Setting a timer on the phone is an effective solution to prevent students from spending too much time on their smartphones. ① **Because** using smartphones may take up a lot of time that students can spend on other things, setting a timer can

help them manage their time well. **Consequently**, they can spend more time on other things such as studying, sleeping, participating in club activities, or talking to their friends and family. ② In addition, setting a timer can remind students to take a break from using their smartphones. This can **help** them rest their eyes, stretch and move their bodies, which **results in** fewer health problems caused by too much screen time. Therefore, setting a timer will help students avoid problems caused by excessive use of smartphones. *Setting a timer may seem like a small action, but it can help them have a healthier and better life.*

2.6　Opinion Writing
意見文：意見を述べる、説得する

1　意見文とは何か

1.1　説明と指導目標

意見文は、自分の意見や考えを述べて、読者を説得する文章です。英検やTOEFLといった検定試験や、国立大学や一部の私立大学の入学試験（二次試験）での自由英作文などでよく使用されているパラグラフ・タイプです。以下は過去に出題された自由英作文のテーマ（「旺文社過去問題一覧」．大学受験パスナビ［23］）ですが、いずれも受験者に意見を求めています。

・将来、訪れてみたい場所は？その理由を 2 つ述べよ。
・最近 YouTube で有名になることが若者がしたいことだ。YouTuber は適切な職業選択だろうか？理由や例を示しながら述べよ。（100 語程度）
・10 代の若者にスマートフォンは有害か。（理由は最低 2 つ）
・日本政府は法定飲酒年齢を 18 歳にすべきか。（自分の意見と異なる見解に言及し反論すること）
・Gay marriage should be made legal in Japan. Do you agree or disagree with this statement?
・Should the Japanese government introduce quotas for the number of women in government and business?

教科書の単元のまとめとして、学習内容に対する考えを書かせたり、身近な話題に対する意見を数センテンスで書くことから始めてみましょう。ディベートやディスカッションなどの発話活動にもつなげやすく、意見文で生徒の「論理的な思考力」を鍛えることができます。

1.2　意見文パラグラフの構成

意見文では、「意見―理由（根拠）―まとめ」の型に入れて、読者を論理的に説得する文章を書けることが目標です。

図 21：意見文パラグラフの構成

Beginning	**トピック・センテンス**	意見・主張の一文
Middle	**サポーティング・センテンス**	理由 1 ― 根拠情報・具体例
		理由 2 ― 根拠情報・具体例
		（理由 3 ― 自分とは反対の意見）
End	**コンクルーディング・センテンス**	意見・主張のくりかえし

2　センテンスレベルの指導

まず身近な話題で**意見とその理由**を述べる練習から始めましょう。最初は、口頭練習から入り、書く練習は 1 ～ 2 文から始め、徐々にパラグラフに近い形にしていきます。慣れてきたら社会的な話題にも挑戦させましょう。学習指導要領では英語教育を通しての「論理的思考の醸成」を力説していますが、すぐに身に付くわけではありません。日頃から自分の考えを述べる機会を持つことが必要です。間違いを気にせずどんどん書くよう指導しましょう。

身近な話題に対して意見を述べる

Q:　Should high school students go abroad to study?

A:　Yes. I think students should go overseas to improve their English ability. I want to participate in an exchange program in the future.

Q:　Are high school students allowed to have a part-time job?

A:　No, I do not think that high school students are allowed to have a part-time job because if they work too much, they won't have enough time to study.

Q:　If you have a friend from a foreign country, which would you recommend to him or her, to read manga or to watch anime?

A:　I would recommend him or her to watch anime. Japanese animation is becoming very popular worldwide. They will be able to understand animated movies better than manga. I would recommend to watch *One Piece* because he or she can learn the importance of friendship.

慣れてきたら社会的な問題にも挑戦させましょう。環境問題、教育問題、メディアに関する問題、ジェンダーをめぐる問題など時事ニュースに関心をもつきっかけにもなります。その際に、想定される単語や表現を与えるのも一案です。自由に書かせた後に、よく使われる単語を整理しておくと語彙力が付くうえ、同じトピックでパラグラフ・ライティングをする際に利用できます。つなぎ言葉（First, Second, など）を使って理由を２つ述べるように指示しておくとパラグラフへの展開がスムーズです。

社会的な問題に対して意見を述べる

Q:　Do you think that the use of SNS should be restricted in high schools?

A:　I agree with this idea. Although SNS provides information quickly, some of the information can be fake. Students who do not have enough information literacy cannot tell fake news from articles from a reliable source.

Useful words

fake news（虚偽報道、フェイクニュース）, information literacy（情報リテラシー）, cyberbullying（サイバーいじめ）, post a picture on Instagram（インスタグラムに写真を投稿する）

Q:　Plastic pollution has become one of the most serious environmental issues in the world. In order to solve plastic pollution, what do you think people can do?

A:　I have two ideas to reduce the use of plastics. First, people should bring their own shopping bags when they go grocery shopping. Second, people can participate in beach cleanups to pick up plastic waste in order to reduce marine pollution by plastics.

Useful words

plastic pollution（プラスチック汚染）, grocery shopping（食品や日用品の買い物）, beach cleanups（ビーチクリーンアップ：海岸のゴミを拾い集める活動）, marine pollution（海洋汚染）

3　パラグラフの指導

3.1　「〜するなら何がいい？」意見文を書く

まず、手始めに軽いテーマで生徒の思うように書かせてみましょう。「〜するなら何がいい？」タイプの英文であれば自由に書くことができるでしょう。例えば、将来何になりたいと思うか、夏休みに旅行に行くならどこに行きたいかなど様々なトピックがあります。次は、「2 つを比較してどちらがよいか」を決めて書く活動です。2 つの対象となる事物や状況を比較して、自分の意見をまとめます。ここでは両方の指導を説明します。

目標

「〜するなら何がいい？」タイプの 1 パラグラフの意見文が書けるようになることを目標とします。

指導手順

Step 1　Brainstorming

ここでは外国人を連れて行くなら「神戸（兵庫県神戸市）」がよいという例で説明します。アイデアを出すためにマッピングを使います。書きたいテーマがなかなか見つからない時や、どのような根拠や具体例を持ってきたらよいのか分からない時に、ヒントを得ることができます。「神戸」を中心にして、関連する話題を周りにどんどん書き出します。具体的な例があれば更に加えていきます。例えば、昔から貿易が盛んな港を抱えた神戸市の「北野町」は外国人の住まいが多く、「異人館」巡りが有名ですので、「北野町」から「異人館」を書き加えます。このようにマッピングは、1 つの話題からキーワードを追加していき、自分が書きたい内容を絞り込むのに便利な方法です。

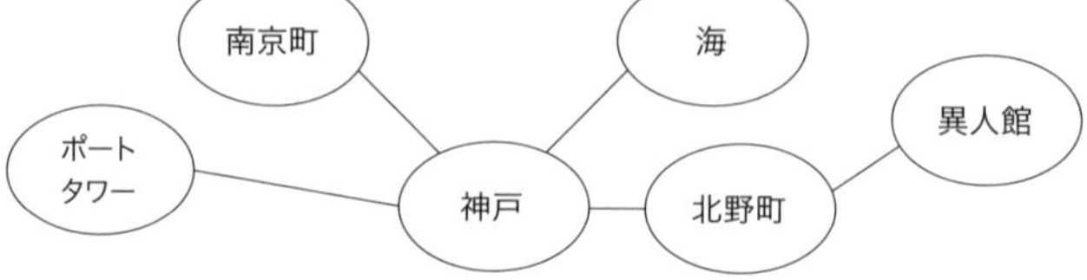

Step 2　Outlining

マッピングから複数の話題を選び、書きたい内容を決めたら、トピック・センテンスと、理由や具体例をセンテンスで書きます。ここでは、「神戸」に外国人を連れていきたい理由として ① 南京町で中華料理を食べることができる、② 自然が楽しめる、③ 北野町では、かつて外国人が住んだ異人館を見ることができる、の 3 つを挙げています。もし書き出しが難しければ、トピック・センテンス（またはコンクルーディング・センテンス）は事前に与えておくこともできます。I believe that ○○ is a great place for tourists to visit. などと 1 文を与えておくと理由を考えるだけなのでパラグラフの型が整います。

トピック・センテンス	I believe that Kobe is a great place for tourists to visit.
サポーティング・センテンス	理由 ①：People can eat different kinds of Chinese food in Chinatown or Nankin-machi. 理由 ②：Kobe is rich in nature. 理由 ③：Tourists can go to Kitano-cho. They can see the homes in which foreigners lived in the Meiji period.
コンクルーディング・センテンス	Kobe is a must-see city when traveling.

Step 3　Writing a paragraph

次に、アウトラインを適切なつなぎ言葉（「表 10　意見文でよく使うつなぎ言葉」参照）を使って、パラグラフにします。具体的に外国人が神戸でできることを One thing that tourists can do is ... や also を使って追加する形で書いていきます。また、理由 ③ にあるように「〜する場所」を表現するのに “ 場所 in which” や関係副詞 where を使うことも説明しましょう。

表 10：意見文でよく使うつなぎ言葉

Introduction	I like (do not like) the idea of ... I agree with/ I disagree with (the opinion that ...) I believe ... I strongly believe ... In my opinion, My opinion is ...

Body	This is because ... There are three reasons to support my opinion. First of all, Firstly, Secondly, Finally, In addition, Moreover, The first advantage (disadvantage, merit, demerit, benefit, drawback) of ... Another advantage is ... One major advantage is ... A serious drawback is ... For example, For instance,
Conclusion	In conclusion, Therefore, All in all, That is why I disagree with ...

サンプル・パラグラフ 1

Kobe is a Great City to Visit

I believe that Kobe is a great place for tourists to visit. ① **One thing that tourists can do there is** to go to Chinatown or Nankin-machi. There, people can try many different kinds of Chinese food. ② Kobe is **also** rich in nature because it is near the mountains and the sea. It is a very beautiful city. ③ Tourists can **also** go to Kitano-cho, where they can see the homes in which foreigners lived in the Meiji period. *Kobe is a must-see city when traveling.*

3.2 2つを比較してどちらがよいかを決める意見文を書く

目標

利点・欠点を比較してどちらかを選ぶ意見文パラグラフを書くことを目標とします。ここでは「都会に住むのがよいか、地方に住むのがよいか」をテーマとします。

指導手順

Step 1 Brainstorming

まずテーマに対する双方の利点・欠点を考え、メモします。一通り出たところで、自分はどちらに住みたいか立場を決めます。以下のようなワークシートで対立する意見を整理し、英文を書く際に、どの理由を使うかを考えさせましょう。まず、日本語で記入してから、クラス全体で英語の表現を共有してもよいですね。ALT に生徒と英語でやりとりしてもらって意見を引き出し、それを板書していくのもアイデアの1つです。

	Living in the city	Living in the countryside
Advantages	・better transportation system ・more things to do (entertainment, etc.) ・better opportunities for education (library, museum, etc.)	・quiet ・better environment (rich in nature, good for child-rearing) ・close community
Disadvantages	・busy/noisy	・not convenient

Step 2 Outlining

次に、自分が選んだ立場のトピック・センテンスとそれを支持する理由のサポーティング・センテンス、コンクルーディング・センテンスを書きます。ここでは、都会派の立場で、理由①交通の便が良い、理由②娯楽が豊富、の2つの理由を挙げています。この時点で、具体的に思い浮かぶ例を入れておくとパラグラフにする際に非常に役に立ちます。意見文は説得力がなくてはならないため、必ず具体例を入れましょう。

トピック・センテンス	Living in the city is better than living in the country.
サポーティング・センテンス	理由①：Cities have better transportation systems. 具体例：There are many tram, bus and taxi services in cities. 理由②：There are many entertainment facilities and cultural events. 具体例：It is easier to go to movies or concerts.
コンクルーディング・センテンス	I think the city is a better place to live.

Step 3　Writing a paragraph

アウトラインで書いたセンテンスを接続詞などのつなぎ言葉を使って（「表10 意見文でよく使うつなぎ言葉」p. 159 参照)、パラグラフにします。ここでは In my opinion, から始めて Therefore, で終わるパラグラフを定型としました。既にパラグラフで書くことに慣れてきた生徒には、サンプル・パラグラフ3のように、もう1つの理由③（people who live in cities have better opportunities for education）を加えたり、反対意見の立場と比較しながら「私の支持する都会は～だが、地方では～ができない」といった議論の文を加えて100ワード以上のパラグラフに膨らませることに挑戦させましょう。

パラグラフを膨らませる方法！

・サポーティング・センテンスの理由を1つ増やす。
・サポーティング・センテンスの具体例を追加する。

右ページのようなサンプル・パラグラフが完成しました。サンプル・パラグラフ3はサンプル・パラグラフ2を膨らませた文章です。波線の部分が追加されていることがお分かりになるでしょう。このように、少し情報を加えるだけで100ワードを超えるパラグラフに展開できます。

サンプル・パラグラフ 2

Living in the City is Better Than Living in the Country

In my opinion, living in the city is better than living in the country. ① **One advantage of** living in the city is that cities have better transportation systems. There are many tram, bus and taxi services in cities, which makes it very convenient to move about. ② **Another advantage is** that there are many entertainment facilities and cultural events, so it is easier to go to movies or concerts than in the country. ***Therefore,*** *I think cities are better to live in.*

サンプル・パラグラフ 3

Living in the City is Better Than Living in the Country

In my opinion, living in the city is better than living in the country. ① **One advantage of** living in the city is that cities have better transportation systems. There are many tram, bus and taxi services, which makes it very convenient to move about. It may be true that living in the country may be more comfortable, but living in cities is more convenient. ② **Another advantage of** living in the city is that there are many entertainment facilities and cultural events, so it is easier to go to movies, concerts, or sporting events than in the country. If people live in the country, they may have to travel a long way to go to these places. ③ Finally, I also think that people who live in cities have better opportunities for education. There are more libraries and museums in cities. These facilities often provide educational programs for children. ***Therefore,*** *I think cities are better to live in.*

4 エッセイの指導

では最後に上級編です。1つのパラグラフからエッセイに展開させる指導例を紹介します。サンプル・パラグラフ3の内容を更に膨らませて、5パラグラフ・エッセイにします。5パラグラフ・エッセイの意見文は外部試験（特にTOEFL）などで頻繁に出題される形式であるため高等学校の指導の最後にチャレンジさせておきたいものです。

4.1　意見文パラグラフからエッセイに展開する

目標

意見文のパラグラフ（ここではサンプル・パラグラフ 3）を使って、5 パラグラフ構成のエッセイを展開することを目標とします。

指導手順

Step 1　Brainstorming

1 つのパラグラフで書いた内容のどの文がエッセイの導入部、本論、結論部になるか考えさせ、独立したパラグラフにするためにはどのような情報を追加するかを考えさせます。

Step 2　Outlining

意見文パラグラフの構成表をエッセイに展開させたのが下記の表です。Step 1 で考えた情報を追加します。必要であれば本論のパラグラフを 1 つ増やします。

導入部	メイン・アイデア（Thesis statement） I believe that living in cities is better.
本論	理由 ①: Cities have better transportation systems. 具体例：There are many tram, bus, and taxi services in cities. **（追加情報）If you live in the country, you would need a car, which costs more than when using public transportation.** 理由 ②: There are many entertainment facilities and cultural events. 具体例：It is easier to go to live concerts, sporting events, and exhibitions. 理由 ③: People who live in cities have better opportunities for education. 具体例：There are more libraries and museums in cities. **（追加情報）There is a positive correlation between the academic abilities of children and the frequency of them going to libraries.**
結論部	In conclusion, city life is better than country life.

Step 3 Writing an essay

アウトラインをエッセイにまとめます。サンプル・パラグラフ 3 がどのように展開されてエッセイになっているのか、次の例を見てください（「第 1 部 2.4 パラグラフからエッセイへ」p. 33 参照）。

サンプル・パラグラフ 3 の分析

Living in the City is Better Than Living in the Country

トピック・センテンス（TS）

サポーティング・センテンス（TS のサポート）

コンクルーディング・センテンス

In my opinion, living in the city is better than living in the country. ① **One advantage of** living in the city is that cities have better transportation systems. There are many tram, bus and taxi services, which makes it very convenient to move about. It may be true that living in the country may be more comfortable, but living in cities is more convenient. ② **Another advantage of** living in the city is that there are many entertainment facilities and cultural events, so it is easier to go to movies, concerts, or sporting events than in the country. If people live in the country, they may have to travel a long way to go to these places. ③ **Finally, I also think that** people who live in cities have better opportunities for education. There are more libraries and museums in cities. These facilities often provide educational programs for children. ***Therefore,*** *I think cities are better to live in.*

5パラグラフ・エッセイへの展開例

導入部

Living in the City is Better Than Living in the Country

Life in cities and life in the country have both advantages and disadvantages. City life is fast paced, while country life is more relaxing. Preference differs from person to person, so some people prefer to live in cities while other people prefer to live in the country. **Although many people dream of living in the country because it seems that life is more carefree, I believe that living in cities is better.**

thesis statement

本論

トピック・センテンス（thesis のサポート）

① **One advantage of living in the city is that cities have better transportation systems.** There are many tram, bus and taxi services, which makes it very convenient to move about. (1) Most likely, if you live in the country, you would need a car, which costs more than when using public transportation, so people living in cities can save on travel expenses.

トピック・センテンス（thesis のサポート）

② **Another advantage of living in the city is that there are many entertainment facilities and cultural events.** In the city, there are many events taking place all the time such as live concerts, sporting events, and exhibitions. Because these events are easy to get to if you live in cities, life will be more exciting than life in the country.

③ **Finally, I also think that** people who live in cities have better opportunities for education. There are more libraries and museums in cities than in the countryside. These facilities often provide educational programs for children. (2) In fact, there is a positive correlation between the academic abilities of children and the frequency of them going to libraries. Therefore, these facilities in cities are important for the growth of children's mind.

結論部

トピック・センテンス（thesis の繰り返し）

In conclusion, city life is better than country life. Transportation systems are better, there are more exciting things to do, and there are more educational facilities for children. As you can see, by living in cities, people will be able to live a more fulfilling life.

サンプル・パラグラフ3のトピック・センテンスが、エッセイでは thesis statement（エッセイのメイン・アイデア）となり、導入部の一番最後に書かれています。また3の理由 ①、②、③ が、それぞれ本論のトピック・センテンスに、そしてコンクルーディング・センテンスは結論部の最初の1文になっています（表現は変えています）。1つのパラグラフの構成要素がエッセイの重要な1文となって、新たなパラグラフを作っていることがお分かりになるでしょうか。では、細かく見ていきましょう。

導入部では、まず読者にとってテーマの予備知識となる「背景情報」から書き始めます。そして最後に、thesis statement である I believe that living in cities is better. を入れて自分の立場が都会派であることをしっかりと示します。更に、1つのパラグラフで書いた時のサポーティング・センテンスを、エッセイの本論の各パラグラフのトピック・センテンスにして、それぞれ具体例を追記し、内容をより分かりやすく説明します。例えば、第2パラグラフでは、「地方に住むと、車を買わなくてはならないため、都会は交通費を節約できる（波線1)」の1文を追加しています。そして、第4パラグラフに、「都会は、地方よりもより良い教育の機会が提供されている」ことを述べ、「子どもの学力は図書館に通う頻度と相関関係にある（波線2)」と、都会に住む利点を指示する情報を加えています。結論部では、サンプル・パラグラフ3のコンクルーディング・センテンスがトピック・センテンスとなり、thesis statement をもう一度読者にリマインドしてから本論の内容をまとめています。このエッセイでは、都会に住んだ場合と、地方に住んだ場合を比較しながら、「もし～に住んだら、～のようなことができる・ありえる」と可能・推量の can，could などを使って、いずれかに住んだ場合を想像しながら書いています。このように、1文ずつ追加しながら、内容を膨らませていくことで1つのパラグラフをエッセイに展開することができるのです。この方法でなら、生徒は、最初から書くよりもエッセイに苦手意識をもたなくなるはずです。

2.7.a　Argumentative Writing
論証文：意見を述べる、説得する

1　論証文とは何か？

1.1　定義と指導目標

論証文とは、ある議論のあるテーマに対して賛成か反対の立場で書く複数のパラグラフからなる文章です。読者を説得するためには論理的な議論を展開する必要があるため、論理的な思考力が磨かれます。前述した様々なパラグラフ・タイプを練習してきた集大成として、時間をかけて取り組みたい課題です。また、ディベートやプレゼンテーションにつなげる活動として、発表の原稿や自分の考えをまとめる活動として行うこともできます。数回の授業や、宿題で作文させるなど臨機応変な授業計画を立ててみてください。

1.2　論証文エッセイの構成

論証文は、基本的なエッセイと同じく Introductory paragraph（導入部）– Body paragraphs（本論）– Concluding paragraph（結論部）で構成されます。本論では導入部で述べた主張（thesis statement）の理由を根拠情報や具体例でもって説明します。本論の最後のパラグラフでは、書き手の主張に対する反対意見、つまり「反論」があることを述べ、それに対して自分の立場を守るために「反駁」（反論意見に対する反論）することが求められます。

図 22：論証文エッセイの構造

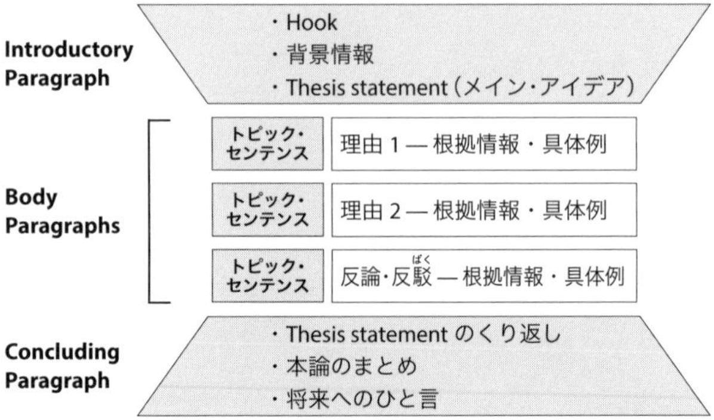

1.3 モデルエッセイ

ここでは、「子どもにスマートフォンを持たせてよいか」という命題に対して反対の立場のモデルエッセイです。

Children Should Not Use Smartphones

導入部

テーマの背景情報

thesis statement

(1) These days, children use smartphones to play games, watch videos, and communicate on the Internet with friends. Even though smartphones can provide children with a lot of information and pleasure, smartphones may not necessarily be good for children. **Smartphones can harm children both physically and mentally, and also cause children to be the target of bullying.**

本論

トピック・センテンス 1（主張のサポート）

(2) **One reason for children not to have their own smartphone is that smartphones can harm children's physical health.** For example, when children use a smartphone for a long time, their eyesight deteriorates. **According to** research by the Ministry of Education, Culture, Sports, Science and Technology (MEXT) in 2019, children whose vision is not 20/20 without correction was the highest so far. This is because children are using smartphones too much. Not only do smartphones affect children physically, but they also affect children mentally. When children keep using smartphones, they may fall into the habit of immediately getting distracted by many things and their concentration may decline.

トピック・センテンス 2（主張のサポート）

(3) **Another problem with smartphones is that children can easily be bullied online.** Research from MEXT shows that the number of cyberbullying cases in 2020 among children was the highest so far and is increasing rapidly. This depresses children and they may lose the motivation to go to school.

トピック・センテンス 3（反駁《ばく》）

(4) **Some people say that smartphones are not harmful if parents restrict their children's usage time and their access to harmful sites. However,** children are very curious and some are able to get around these restrictions. According to research by MMD Laboratory and McAfee in 2018, 60% of the children surveyed answered that they saw inappropriate advertisements even though their parents had restricted their access to harmful sites. This shows that parents cannot completely protect their children even if they restrict services using filtering software.

thesis statement の繰り返し

結論部

(5) **As you can see, smartphones are not good for children.** They affect their physical and mental health and cause social problems such as cyberbullying. Even though smartphones are useful in some ways, children should not have a smartphone and parents should consider waiting until their children are older before giving them one.

1.4　指導と留意点

論証文は、最初からエッセイの型で書かせる方法と、賛成・反対のいずれかの立場で意見文のパラグラフを書かせてからエッセイに展開させる2通りの指導方法があります（「2.6 Opinion Writing」p. 155 参照）。ここではまず前者の基本の指導を述べた後、後者の展開方法で丁寧に指導する手順を紹介します。いずれにせよ、論証文は集めた情報を分析・統合して自分なりの考えをまとめる、非常に認知的に負荷の高い活動になります。ブレインストーミングやアウトラインの段階で、ペアで確認する、グループで情報収集をするなど、生徒にとって楽しい活動となるよう工夫しましょう。また賛成・反対の意見がまとまった段階でディベートをさせるのもお勧めです。自分の意見を口に出して言うことで、考えが定着し、ディベートの後に書いたエッセイがとても良いものになった例が筆者の学生にもありました。では、まず基本の最初からエッセイの型で書く指導から見ていきましょう。

2 基本の指導

目標

モデル文を参考にして論証文の型を理解します。そしてアウトラインを作成し、エッセイを書くことが目標です。

指導手順

Step 1 Showing a model essay

まずモデルとなるエッセイを提示して、内容や構成を説明します。「1.3 モデルエッセイ」(p. 169) を見てください。導入部 (1) では、最近は子どももスマートフォンを使用しているという背景情報があり、書き手の主張＝thesis statement（このエッセイで最も言いたいこと、書き手の立場、モデルエッセイではスマートフォンを持つことに反対の立場）が最後に書いてあります。Thesis statement には本論で書く 2 つの理由のキーワードがあり（to harm children both physically and mentally「スマートフォンの使用が子どもに与える身体的・心理的な害」と to be the target of bullying「サイバーいじめの問題」)、本論 (2)、(3) のトピック・センテンスにこれらが入ることで論の一貫性が保たれていることが分かります。本格的な論証文の場合は、本論 (4) のような「反対意見の提示とそれに対する反駁《ばく》」が入ります。想定される反対意見に対して、「いや、そうは言うけど私の意見の方が正しいよ」と主張するパラグラフです。モデルエッセイでは、「親が子どものスマートフォンを見る時間を決めたり、有害なサイトの閲覧を制限することができる」ため、子どもにスマートフォンを持たせてもよいとする立場の主張を書き、それでも制限には限界があることを示して反駁《ばく》しています。このパラグラフが入ることで、一方的な主張に留まらない説得力のあるエッセイになります。そして、結論部 (5) では thesis statement をリマインドし、本論の内容をまとめます。

各パラグラフに特徴的なつなぎ言葉や、主張を支える根拠情報やデータが入っていることにも着目させてください。モデルエッセイの波線の部分がそれにあたり、According to などの表現で情報の出所が示されています。またこれらのデータを出したからには、論拠（解釈）を述べることも忘れてはなりません。本論 (2) では、子どもたちの視力低下を示す最近のデータの後に、「これはスマートフォンを使っているからだ」と書き手の解釈が述べられています。この解釈文が入ることでトピック・センテンスとの論理関係が明確になっているのです

（エッセイについては、「第1部　2.4　パラグラフからエッセイへ」p. 33参照）。このような事柄に着目させながら、基本の論証エッセイの型を理解させておきます。お勧めなのは、ただ先生が説明するのではなく、**生徒に質問しながら答えを引き出して理解を促していくこと**です。先生がすべてを説明してしまうと、生徒が実際に書く時に理解していないことが分かって何度も説明する悪循環に陥ります（筆者にも経験があります！）。

また、**活動の目標を提示しておくことも大切**です。例えば、論理の流れに着目させたい場合は、「thesis statementとトピック・センテンスをしっかり書こう」という目標を立てます。そして先生やクラスメートのフィードバック活動を入れる場合には、その点ができているかに着目させるだけでも十分です。更に、エッセイの最終評価の観点を提示しておきましょう。生徒にとって、目標とするエッセイのイメージがつかめ、何が評価されるのかを知っておくことは活動への意欲を高めることにもなります。

Step 2　Brainstorming

モデル文が理解できたら、与えられた命題に対しどちらの立場で議論するか考えさせます。何が問題になっているのか、議論することの重要性や、背景情報を集めるリサーチを行います。

Step 3　Outlining

Step 2の情報をもとにIntroduction（導入部）– Body（本論）– Conclusion（結論部）の流れでアウトラインを書きます。議論が論理的に展開しているか、根拠となるデータや具体例は十分に主張をサポートするか、どのようなつなぎ言葉を使用するのかを、この段階で十分に考えさせることが重要です。書きたい情報を十分に盛り込んだアウトラインを書いておくとそれがそのままパラグラフになるので、その後がスムーズに運びます。できればこの時点で先生は生徒のアウトラインに目を通しておくのをお勧めします。Thesis statementと各本論のトピック・センテンスを読むだけで、生徒が何を言いたいのか、どのような流れで書きたいのかが分かるので、大きく論を逸脱している場合のみコメントし、再度考えさせましょう。

Step 4　Drafting an essay

アウトラインをもとにエッセイを書きます。この活動では、できれば授業内で時間を測って取り組ませましょう。

Step 5　Giving a feedback

初稿ができたら、ピア・フィードバックを行い、お互いのエッセイを読んで客観的な視点でコメントを入れさせます。エッセイの目標となる論理的な構成や展開、つなぎ言葉にも注目させましょう。また、先生はクラス全体へのフィードバックをしてください。時間がなければさっと目を通して、thesis statementとトピック・センテンスの論理性だけを見て、アウトライン段階から良くなっているエッセイを取り上げて評価しましょう。工夫が見られる接続詞や表現を使っている生徒の作品、または全体的によく書けているなと思われる生徒の作品を褒めてあげるのも大事です。私がよくやる手は、あと一歩のエッセイ（トピック・センテンスを少し書き直せば完璧になるエッセイなど）をクラス全体で「どこが問題？」「どうしたら良くなる？」と議論させる方法です。自分のエッセイがクラス全体で議論されるのは、意外と嫌ではないらしく、書いた本人が「これ、俺のやで〜（関西弁）」と自慢げだったりします。自分から「こう書きたかったのに時間がなかった」と発表してくれる生徒もいます。フィードバックを負担に思われる先生方は、ぜひ楽しんで挑戦してみてください。生徒にちゃんと修正する力があることにお気付きになるはずです。

Step 6　Revising an essay

クラスメートや先生からのフィードバックを受けて、修正したうえでベストな最終稿を提出させます。最終稿を書き上げるのは、期間を決めて宿題にしてもよいでしょう。

3　意見文パラグラフから展開させる指導

次に、「スマートフォンを子どもに持たせてもよいか」という議論に対する賛成と反対の立場を考え意見文のパラグラフを書いてから、論証文のエッセイに展開する指導を具体例を示しながら説明します。流れは「2 基本の指導」と同じです。（意見文パラグラフからエッセイへの展開については「2.6 Opinion Writing　4 エッセイの指導」p. 163 参照）

目標

命題に対する賛成または反対の立場の意見文のパラグラフを書いてから、エッセイに展開することを目標とします。

指導手順

Step 1　Brainstorming

子どもがスマートフォンを持つことの良い点と悪い点について、まず個々人で考えさせ、次にグループディスカッションを行います。グループで考えさせると、1人で考えていた時には思いもしなかったアイデアが出るものです。最初からどちらの立場と決めるのではなく、両方の立場で考えるようにします。右ページ図23の（2）のメモ段階では、各グループで共通の事項は、それらの英語の表現を抽出し、クラス全体で共有しておくとアウトライン化がスムーズです。また（3）の根拠となる資料もグループやペアで探して、論拠も生徒同士で考えさせましょう。

図 23：授業ハンドアウト例 1

(1) スマートフォンを持つと良い点、悪い点について、自分の考えを列挙してみましょう。まず日本語で考えて、英語で表現してみましょう。

(良い点)

・インターネットから情報を得られるので便利だ。

・

(悪い点)

・視力が低下する。

・

(2) 司会者を決めて、英語でグループディスカッションを行い、その内容を下の例を参考にしてメモしましょう。

(例) Good points	(例) Bad points
【主張】 A smartphone is useful. 【論拠】 Children can communicate easily with their family and friends on SNS.	【主張】 A smartphone can be harmful. 【論拠】 Children's eyesight becomes worse.
Good points	**Bad points**
【主張】 【論拠】	【主張】 【論拠】

(3) 良い点、悪い点それぞれの根拠となるデータや具体例を探しましょう。その資料をどこから引用したか情報ソースを必ず書きましょう。なるべく政府機関などの信頼できる機関の情報を探しましょう。

図 1
小中学生携帯電話所有状況
男女別

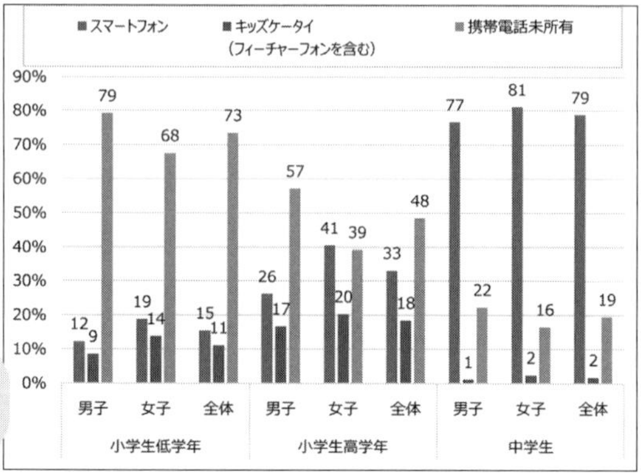

図 1　NTTドコモ　モバイル社会研究所，2022［24］

図 2
子どもにスマホを
持たせる理由

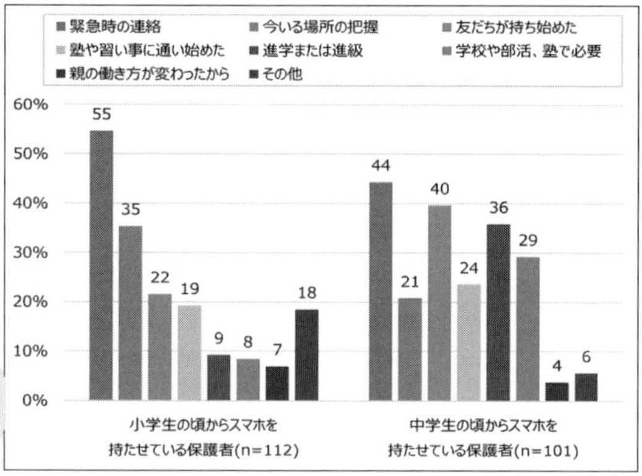

図 2　NTTドコモ　モバイル社会研究所，2022［25］

参考：NTT ドコモのモバイル社会研究所は、2 月 28 日に「2021 年親と子の調査」の結果を発表した。調査対象は全関東 1 都 6 県の小学生／中学生とその親で、有効回答数は 500。

図 3
スマートフォンを持たせて
気づいたこと

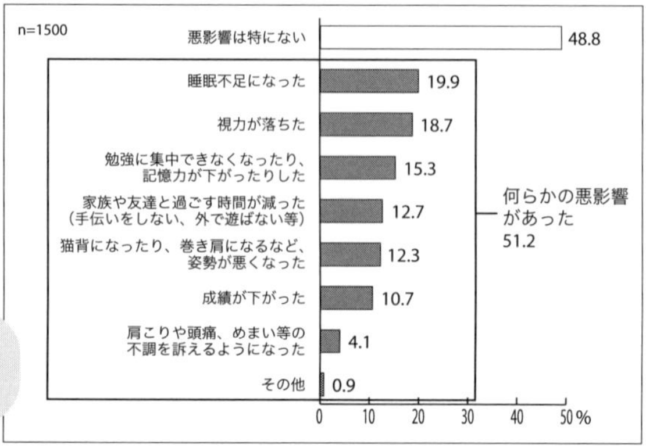

図 3　東京都青少年・治安対策本部，2018［26］

Step 2　Outlining

Step 1 で集めた情報を整理して、ここからは個人作業です。子どもにスマートフォンを持たせることに反対の立場で意見文を書くためにアウトライン化します。トピック･センテンス、サポーティング･センテンス、コンクルーディング･センテンスを書いた後に、理由の根拠をサポーティング・センテンスの下に追加していきます。

図 24：授業ハンドアウト例 2

(4) 意見文のアウトラインを作りましょう。ここではテーマ「子どもにスマートフォンを持たせてもよいか」に反対する立場でトピック･センテンスとサポーティング･センテンスを考えます。以下の例にならって反対意見のアウトラインを考えてみましょう。

例：

トピック・センテンス
Children should not use smartphones because they are harmful.
サポーティング・センテンス 1
Smartphones can harm children's physical health.
サポーティング・センテンス 2
They also affect children mentally.
サポーティング・センテンス 3
Children can easily be bullied online.
コンクルーディング・センテンス
For these reasons, smartphones are not good for children to use.

トピック・センテンス

Children should not use smartphones because ____________________

サポーティング・センテンス 1

____

サポーティング・センテンス 2

____

サポーティング・センテンス 3

____

コンクルーディング・センテンス

____

(5) アウトラインができたら、根拠となるデータや具体例を以下の例にならって付け加えましょう。

例：

トピック・センテンス
Children should not use smartphones because they are harmful.
サポーティング・センテンス 1
Smartphones can harm children's physical health.
具体例：*Their eyesight becomes worse.*
サポーティング・センテンス 2
They also affect children mentally.
具体例：*They may be distracted by many things and their concentration may decline.*
サポーティング・センテンス 3
Children can easily be bullied online.
根拠データ：*Research from MEXT shows that the number of cyberbullying cases in 2020 among children was the highest so far and is increasing rapidly.*
コンクルーディング・センテンス
For these reasons, smartphones are not good for children to use.

トピック・センテンス

Children should not use smartphones because ____________________

サポーティング・センテンス 1

____

具体例：____________________________________

サポーティング・センテンス 2

____

具体例：____________________________________

サポーティング・センテンス 3

____

具体例：____________________________________

コンクルーディング・センテンス

____

Step 3 Writing a paragraph

アウトラインのセンテンスを接続詞などでつなげてパラグラフにします。

図 25：授業ハンドアウト例 3

(6) これまでのアイデアをパラグラフにまとめましょう。つなぎ言葉を使ってセンテンスをつなげます。センテンス間の論理性に注意しましょう。

例：子どもはスマートフォンを持つべきでないとする立場

Children should not be allowed to use smartphones because they are harmful. ① **One reason for children not to have their own smartphone is that** smartphones can harm children's physical health. For example, when children use a smartphone for a long time, their eyesight deteriorates. ② Not only do smartphones affect children physically, but they also affect children mentally. When children use smartphones, they may fall into the habit of immediately getting distracted by many things and their concentration may decline. ③ **Another serious problem with smartphones is that** children can easily be bullied online. Research from MEXT shows that the number of cyberbullying cases in 2020 among children was the highest so far and is increasing rapidly. ***For these reasons,*** *smartphones are not good for children to use.*

参考：子どもはスマートフォンを持ってもよいとする立場

Children should be allowed to use smartphones because they are useful for them. ① Nobody can deny that smartphones have become an important form of communication. Children can communicate easily with their family and friends on SNS. They can even connect with some famous celebrities on Twitter or Facebook. It must be fun and exciting. ② **In addition,** children can make use of smartphones to access the Internet and find information on almost anything at any time. When they are lost, for example, they can easily know where they are on the online map. ③ It is **also** beneficial for them to solve many issues related to their studies by searching for information on the Internet. ***For these reasons,*** *children should be allowed to use smartphones.*

Step 4　Writing an essay

Step 3で書いた意見文パラグラフのサポーティング・センテンスを膨らませてエッセイにします。反対の意見を4つのパラグラフで書き、持たせることに賛成の立場（反論）のパラグラフも書けたら、反駁《ばく》の意見を入れます。

図25の（6）の意見文パラグラフと、「1.3　モデルエッセイ」（p. 169）を比較させながら、どのような情報を加えることでエッセイになるかを分析させてから（または一緒にクラスで分析しながら）、各個人の意見文パラグラフを展開させましょう。モデルエッセイでは、「スマートフォンの使用が子どもに与える身体的・心理的な害」の理由として、図23（p.175）の（3）で調べた「視力が低下している子どもが多いこと（波線）」という根拠データを入れる形で膨らませました。そうすることで、サポーティング・センテンスの根拠がより説得力を増すことがお分かりいただけると思います。

特に、**反論・反駁《ばく》**のパラグラフをうまく入れられるようになったらライティング上級者といえるでしょう。しかし、自分とは反対の立場にすぐに反論・反駁《ばく》するのは非常に難しいことです。筆者は大学生に論証文を書かせる際には、以下の表11を使って、パラグラフを書く前にゆっくり考えさせます。反論と反駁《ばく》を並べて、論理的な組み立てを考えさせるのです。

表11：反論・反駁を考えるためのワークシート

Essay section	Topic sentence	Supporting sentence	Evidence or reaction/ comments	Evidence or reaction/ comments	Concluding sentence
Counter-argument					
Refutation					

例として、日本語の文言を入れた以下の表を使って「子どもはスマートフォンを持つべきではないとする立場」での反論、反駁《ばく》のパラグラフを考えてみます。

	トピック・センテンス	サポーティング・センテンス	根拠または解釈	根拠または解釈	コンクルーディング・センテンス
反論	親が子どものスマートフォン利用のアクセスを制限することができる。	スマートフォンを見る時間を決めたり、有害サイトへのアクセスを制限する。	大手通信会社のスマートフォンはフィルタリング機能を持っている。	香川県はスマートフォンの利用制限を条例化した。	スマートフォンを持っていても親の管理で安全な使い方ができるし、親と子どもが使い方を話し合うのも良い機会になる。
反駁《ばく》	たとえ対策をしても、完全には制限できない。	子どもたちは、制限を解除する様々な方法を探し出す。	調査によると、スマートフォンを持つ 60% の子どもが親が制限しても有害サイトにアクセスしたと答えた（MMD 研究所）。	香川県の条例には監視機能はないし、罰則がない。	親が子どものスマートフォン利用や有害サイトへのアクセスを完全に制限できるわけではない。子どもにスマートフォンを持たせるべきではない。

このような表をあらかじめ作っておくと、実際に書く時に悩むことはありません。ペアで表をチェックし合うなどして、論の展開が間違っていないかを確認させましょう。

図 26：授業ハンドアウト例 4

(7)「子どもにスマートフォンを持たせてもよいか」をテーマに 5 パラグラフのエッセイを書きましょう。自分が賛成・反対のどちらの立場であるかを明確にして、本論の最後のパラグラフは「反論＝自分の立場とは異なる意見」と「反駁《ばく》＝反論に対して論じ返すこと、自分の意見の再主張」を入れましょう。

4　教科書を利用した指導

使用している教科書にディスカッションやディベートのトピックがあれば、意見パラグラフや論証文を書く題材に組み替えることもできます。教科書に書いてある内容から主張・根拠となる情報を探し、パラグラフの形に整理します。ここでは、*Vision Quest English Logic and Expression* I *(Standard)* Discussion: What opinion do you have about ebooks?（p.113）〔27〕を使って以下の意見文パラグラフとエッセイを書く方法を説明します。教科書では会話文になっていますが、教科書の素材を使ってライティング活動に展開できることがお分かりになると思います。

指導手順

Step 1　Brainstorming

教科書の ASSISTANT 7: Discussion（p.113）を読んで、４人の主張をもとに電子書籍の利点・欠点を書き出しましょう。

テーマ：What opinion do you have about ebooks?「電子書籍についての意見」

Moderator: I suppose you have heard of ebooks. You can read ebooks on computers or other electronic devices. What do you think about them? Do you think ebooks will take the place of printed books in the near future? Today, let's talk about this topic. Kaito, you go first.

Kaito: 賛成 I think ebooks will replace printed books in 10 years and I believe it'll be good for the environment. We should no longer be cutting down trees to make books. The printed book is a waste of energy, water and trees. We should be heading for a paperless society.

Moderator: Thank you, Kaito. You said ebooks are more environmentally-friendly than paper books. Kaoru, how about you?

Kaoru: 賛成 I agree with Kaito. Ebooks have a lot of advantages. First, you can carry thousands of books in a small digital device. Second, you can easily search for any information without turning page after page.

Moderator: Thank you, Kaoru. Kaoru mentioned ebooks are very portable and searchable. Manami, what's your opinion of ebooks?

Manami: 反対 I have a different opinion. I admit ebooks have some advantages, but there is a serious problem with ebooks. Some people download illegally copied ebooks. It is easier to copy the whole contents of ebooks than those of paper books.

Moderator: Thank you, Manami. Manami pointed out the problem of piracy. What are your thoughts, Riku?

Riku: 反対 It seems to me that there are many reasons printed books are better than ebooks. You don't have to worry about dead batteries. Paper books are durable. You can leave a book out in the sun or in a hot car.

Moderator: Thank you, Riku. And thank you all. Time is running out. We have to stop here. We've come to realize both ebooks and printed books have some advantages and disadvantages. We should be aware of the arguments on both sides because everybody reads books.

Good points of e-books	
Kaito【主張】	
Kaoru【主張】	
Bad points of e-books	
Manami【主張】	
Riku【主張】	

Step 2　Outlining

Step 1 の内容をもとにアウトラインを作成しましょう。

電子書籍は紙の書籍に取って代わるとする立場 = e-books の利点

There are two advantages that e-books have over paper books.

理由 1：________________________________

理由 2：________________________________

電子書籍は紙の書籍に取って代わらないとする立場＝ e-books の欠点

There are two disadvantages that e-books have over paper books.

理由 1：＿＿＿＿＿＿＿＿＿＿＿＿＿＿＿＿＿＿＿＿＿＿＿＿＿＿＿＿＿＿

理由 2：＿＿＿＿＿＿＿＿＿＿＿＿＿＿＿＿＿＿＿＿＿＿＿＿＿＿＿＿＿＿

Step 3　Writing a paragraph

Step 2 の内容をほぼそのまま入れてパラグラフにします。

指導ポイント：背景情報や書き出し、また、つなぎ言葉を与えておくと、あとは教科書の内容をそのまま入れるだけでパラグラフは完成します。

サンプル・パラグラフ 1

Advantages of E-books

Nowadays, e-books have become very popular. People can be seen reading them on smartphones or on tablets everywhere. A recent survey (Shuppankagaku, 2021) shows that 30% of book sales was from e-books. Some people believe that e-books will take the place of printed books in the near future. There are two advantages that e-books have over paper books. ① **The first advantage of e-books is that** it will be good for the environment. People should no longer be cutting down trees to make books. The printed book is a waste of energy, water, and trees. The world needs to be heading towards a paperless society. ② **Another advantage is that** e-books are portable and searching for information is easy. Thousands of books can be stored on a small digital device. People can also search for any information much easier on e-books instead of having to turn pages on printed books to look for information. As you can see, e-books are very convenient. *Because of these advantages, e-books can be more easily used than printed books.*

サンプル・パラグラフ 2

Disadvantages of E-books

Nowadays, e-books have become very popular. People can be seen reading them on smartphones or on tablets everywhere. The recent survey (Shuppankagaku, 2021) shows that 30% of the book sales was from e-books. Some people believe that e-books will take the place of printed books in the near future. However, there are two disadvantages that e-books have over paper books. ① **One disadvantage of e-books is** copyright issues. Some people illegally download books without asking for permission or paying for them. This makes it easier to copy the whole contents of books. ② **Another disadvantage is that** people need to always make sure that their e-books are charged. Printed books are durable, so people do not need to worry about the batteries of their e-book dying. Moreover, people can leave printed books out in the sun or in a hot car without damaging them. *For these reasons, e-books will not be more widely used than printed books in the near future.*

Step 4 Writing an essay

両方の立場のパラグラフができたら、電子書籍の利点・欠点を本論にして、自分の意見を述べるエッセイに展開しましょう。以下のサンプル・エッセイの序論と結論を参考にして書いてみましょう。

サンプル・エッセイ

Nowadays, e-books have become very popular. People can be seen reading them on smartphones or on tablets everywhere. A recent survey (Shuppankagaku, 2021) shows that 30% of book sales was from e-books. **Some people believe that e-books will take the place of printed books in the near future, however, there are others that do not believe this. Therefore, I will discuss some of the advantages and disadvantages of e-books.**

The first advantage of e-books is that it will be good for the environment. People should no longer be cutting down trees to make books. The printed book is a waste of energy, water, and trees. The world needs to be heading towards a paperless society. Another advantage is that e-books are portable and searching for information is easy.

Thousands of books can be stored on a small digital device. People can also search for any information much easier on e-books instead of having to turn pages on printed books to look for information. As you can see, e-books are very convenient.

On the other hand, there are some disadvantages of using e-books. One disadvantage of e-books is copyright issues. Some people illegally download books without asking for permission or paying for them. This makes it easier to copy the whole contents of books. Another disadvantage is that people need to always make sure that their e-books are charged. Printed books are durable, so people do not need to worry about the batteries of their e-book dying. Moreover, people can leave printed books out in the sun or in a hot car without damaging them.

In conclusion, *it is important to consider the advantages and disadvantages of both e-books and printed books when choosing how you read.* E-books are likely to become more widespread in the future, but it still remains to be seen whether e-books can completely take the place of printed books.

このように、教科書の内容をそのまま使いながら、パラグラフからエッセイまでを書く指導ができます。欠点・利点を議論して自分の意見を書く場合は、まず本章で紹介した「型」やつなぎ言葉などの表現を使って、書かせてみてください。英語学習の集大成としての論証文はかなりタフな指導になると思いますが、生徒に「じっくり考えさせる」ことができる良い機会として捉え、時間をかけ、段階を追って取り組んでみてください。

2.7.b 他の資料を引用する

意見文や論証文では、主張の根拠としてデータを入れる場合が頻繁にあります。近年の大学入試の二次試験でも、データから読み取った情報を1つのパラグラフにまとめる問題が増えてきています。グラフや表から読み取った内容をうまくまとめる練習をさせましょう。

1 適切な資料やデータを使う

資料やデータには様々なタイプがあり、情報提供に適切な表し方があることを理解する必要があります。まず次のクイズでデータをどのような方法で記述すべきか考えさせましょう。

タスク1

以下の種類の資料について、あてはまる説明と例を選んで番号を記入しましょう。

種類	説明	例
図（Diagram）		
表（Table）		
円グラフ（Pie chart）		
線グラフ（Line graph）		
棒グラフ（Bar graph）		

説明

1. a circle cut up into many parts and each part shows how big or small that part is in relation to the other parts
2. data/information going up and down in rows or columns on a page
3. a line or lines on a graph that shows changes of things over time

4. a picture to help the reader see what the writer is saying
5. a chart of bars that show and compare how big or small each piece of information is related to each other

例　a.

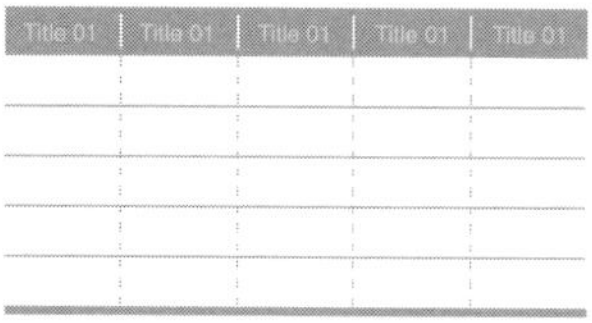

b.

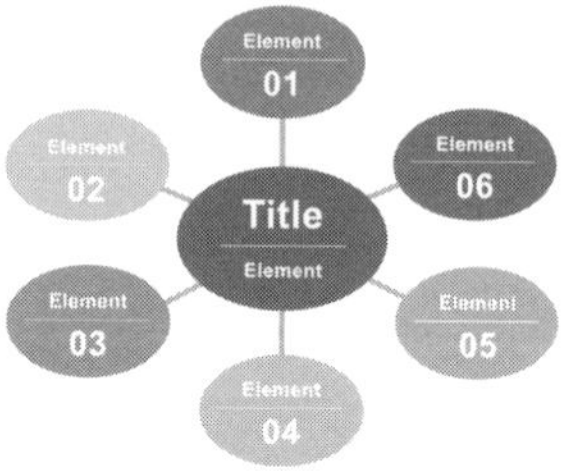

c.

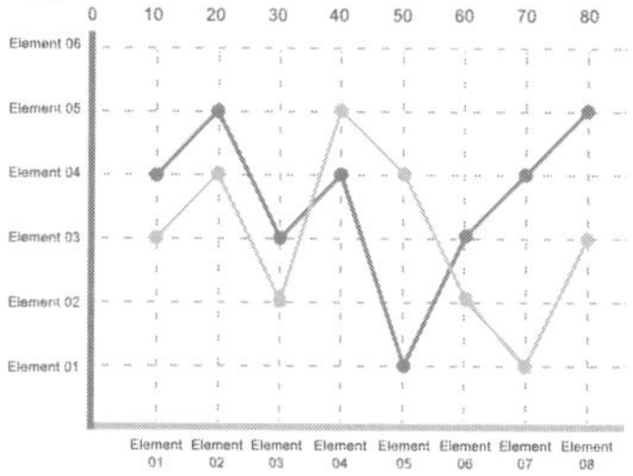

d.

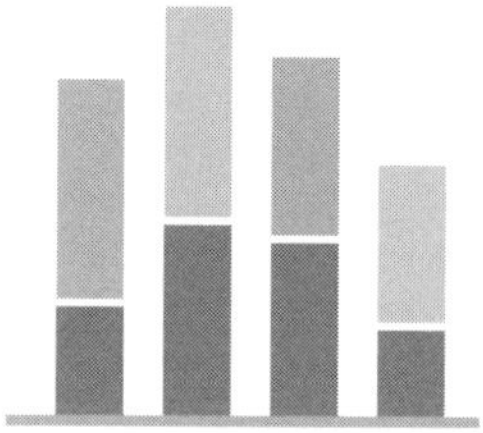

e.

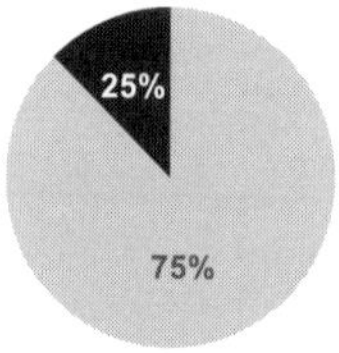

解答

図（4 と b）

表（2 と a）

円グラフ（1 と e）

線グラフ（3 と c）

棒グラフ（5 と d）

2 資料やデータを説明する

次に、資料やデータの説明の仕方を学習します。典型的な表現をあらかじめ提示しておき、それらを使って説明できるようにします。

例として、「2.7.a Argumentative Writing」で使用したグラフ（p. 176）を使い、スマートフォンの所持率が小中学生の間で増加傾向にあることを説明します。まずグラフが何を表しているのかを一言で説明して、詳しく読み取れる情報を説明します。多くの場合、自分の主張のサポートとして資料やデータを用いるため、必要な情報のみ説明し、そこから何が解釈できるのかを伝えなければなりません。解釈を入れる際に気を付けるべきは、「事実」と「意見」を混同しないことです。あくまでデータが示している事実を客観的に説明して自分の主観的な意見を入れないようにします。

グラフや図の説明のための以下の流れを確認しておきましょう。

何を表しているグラフか説明する	・**The (graph / pie chart) shows/illustrate/displays** the population of Japan. ・**This (graph / pie chart / table) shows** the results of the recent survey.
↓	
そのグラフから読み取れる情報を説明する	・**As shown in Figure 1, / As you can see in Figure 2,** Japan's working population/work force has been decreasing year by year. ・**Compared to** people in their 20's, people in their 30's use more smartphones in business.
↓	
データから解釈できることを説明する	・**This means that** more Japanese women pursue their career even after they get married. ・**This data suggests that** microplastic is a culprit of marine pollution nowadays.

また、以下に、グラフや図を説明する時に頻繁に使用する表現も提示します。

表 12：グラフや図を説明する時の表現

グラフを説明する	This graph (Figure) shows / illustrates / displays ...
グラフから読み取れる情報を説明する	As shown in Figure 1, Compared to (with) ... According to the results of ... As a result, this vertical/horizontal line shows ...
数値の増減を説明する	grow, drop, rise, fall, increase, decrease, climb, decline, level off
状態を表す副詞	slightly, gradually, steadily, sharply
その他	(show) a slight drop, a gradual fall, a sharp decrease, a steadily decline, reach a peak

では、実際に英語で説明します。表 12 を参考に下の図を説明させてみましょう。

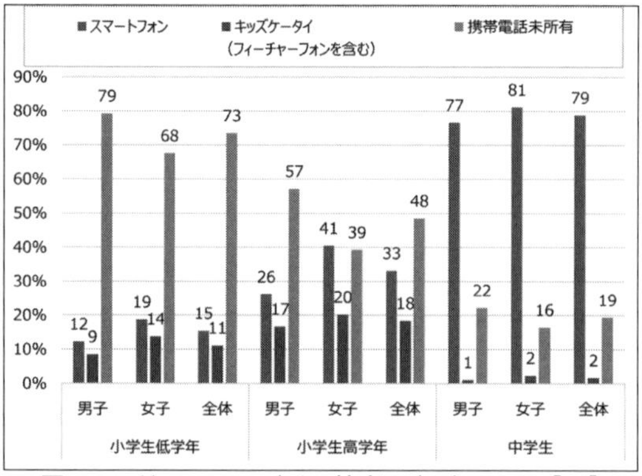

図　NTTドコモ　モバイル社会研究所，2022［24］

show, eighty, percentage, increase, low, evident

These graphs (　　　) the (　　　) of elementary and junior high school students who own smartphones in 2021. They show that smartphone ownership is (　　　) among younger elementary school students, but (　　　) as they move into higher grades. In Junior high schools, about (　　　) percent of students, both boys and girls, have smartphones. It is (　　　) that the possession of smartphones is becoming commonplace in junior high schools.

これらのグラフは2021年の小中学生のスマートフォンの所持率を表したものである。これによるとスマートフォンの所持率は小学校の低学年では少ないが、高学年になるほど増加傾向にあることが分かる。中学校では、男女共に約8割の学生がスマートフォンを持っている。これらから、中学校においては、スマートフォンの所持が当たり前になってきているのが明らかである。

解答例

何のグラフかの説明 These graphs (show) the (percentage) of elementary and junior high school students who owned smartphones in 2021. 読み取れる情報 They show that smartphone ownership is (low) among younger elementary school students but (increases) as they move into higher grades. In junior high schools, about (eighty) percent of students, both boys and girls, have smartphones. 解釈 It is (evident) that the possession of smartphones is becoming commonplace in junior high schools.

3　発表活動とつなげるライティング指導

3.1　はじめに

学習指導要領では、4技能のうち「話すこと」を「やりとり」と「発表」に分けています。以前は単に「話すこと」としていた技能を2つに分けて、**4技能5領域**としたわけです。

「話すこと」の「やりとり」には、少人数で情報や考え、気持ちを伝え合うチャットのような活動とともに、ディベート、ディスカッションを重視しています。(3) 言語活動及び言語の働きに関する事項　① 言語活動に関する事項　ア　話すこと［やり取り］の（イ）には、次のような記述があります。「日常的な話題や社会的な話題に関して聞いたり読んだりした内容について，使用する語句や文，やり取りの具体的な進め方が十分に示される状況で，優れている点や改善すべき点を話して伝え合ったり，意見や主張などを適切な理由や根拠とともに伝え合うディベートやディスカッションをする活動。また，やり取りした内容を踏まえて，自分自身の考えなどを整理して発表したり，文章を書いたりする活動」（2018［9］，p. 95）また、「発表」では、「日常的な話題や社会的な話題に関して聞いたり読んだりした内容について，使用する語句や文，発話例が十分に示されたり，準備のための多くの時間が確保されたりする状況で，段階的な手順を踏みながら，意見や主張などを適切な理由や根拠とともに伝える短いスピーチやプレゼンテーションをする活動」（2018［9］，p. 97）とあるように、プレゼンテーション、スピーチに取り組ませることを求めています。

ディベート、ディスカッション、スピーチ、プレゼンテーションは4技能統合型の活動として、**SELHi（スーパー・イングリッシュ・ハイスクール）**でも多くの学校で取り組まれ成果を上げてきました。スピーチコンテストはもちろん、全国規模の高校生ディベート大会やプレゼンテーション大会への参加校も年々増えています。更に、学習指導要領の重要なポイントである「知識及び技能の習得と思考力，判断力，表現力等の育成」と「主体的・対話的で深い学び」の実現」にも大きく資するものとして、今後は更に指導の重要性が増すことと思われます。

しかし、これらの活動には時間と労力を要し、指導の難しさから二の足を踏む先生方も多いと思われます。確かに、導入・準備から実際に討論させたり発表させたりするまでにはいくつもの指導過程があり、生徒の積極的な参加が必須であるため、先生方には敷居の高い活動と映るのはやむを得ないことです。それでも、実際に粘り強くやらせてみると、生徒たちの意欲が高まったり、期待以上にすばらしいパフォーマンスを見せたりすることがあり、その意義を実感する先生方が多くいます。「簡単なやり取りすらできないのに、ディベートやプレゼンテーションなど無理だ」と決めつけないで、易しいレベルから取り組んでみましょう。最初はうまくいかなくても、徐々に生徒が慣れてくれば少しずつできるようになります。要は焦らず、根気強く続けることです。

また､このような**意味のあるアウトプット（meaningful output）**を行うためには、前もって原稿を書くことは欠かせません。ディベート、ディスカッションでは、相手側や議論に参加する人に論点が分かるように、確かな根拠を示して説得力のある論旨を展開しなければなりません。スピーチでは、自分の主張が十分に理解してもらえるように、主張に至る体験や思考の過程を順序立てて伝える必要があります。プレゼンテーションでは、情報を正確にかつ分かりやすく伝えることが大切です。どの活動にも、極めて高い論理性や構成の確かさが求められるため、原稿をしっかり書くことが活動の成否を決めることになります。また、聞き手（読み手）を強く意識して書くことは、ライティングの必然性を高めその質も向上させることができます。その意味で、ライティングをこのような活動の要と位置付けて取り組んでみましょう。

プレゼンテーションを除く他の活動は即興で行うこともありますが､この章では、すべてライティングを伴う活動として扱います。また、あくまでも高度で本格的なものではなく、授業の一環として取り組める初歩的なレベルのみに限定して述べることとします。

3.2 ディベート

ディベートはある命題に対して、肯定側（affirmative）と否定側（negative）に分かれて、それぞれの意見の正当性を確かな根拠をもとに論理的に述べ、相手側の主張の弱点や矛盾点を指摘して、最終的に自分たちの主張の優越性を争うゲームです。ディベートには、ほぼ即興で行うもの（**パーラメント・ディベート**）もありますが、ライティングの力を伸ばすためには、論題についてデータを集め、それに基づいて主張や反論を展開する**アカデミック・ディベート**がお勧めです。アカデミック・ディベートはJDA（日本ディベート協会）［28］の定義によると、「議論の教育を目的とし、ひとつの論題の下、2チームの話し手が肯定する立場と否定する立場とに分かれ、自分たちの議論の相手に対する優位性を第三者であるジャッジに理解してもらうことを意図したうえで、客観的な証拠資料に基づいて論理的に議論をするコミュニケーション活動」とされています。

正式な手順は複雑なので割愛しますが、授業で行う場合は、自分たちの主張を述べる立論（constructive speech）、相手側の主張に対する反論（attack）、そして最終弁論（summary speech）だけで十分です。

ディベートを通してライティング力をつけるためにはまず、テーマを選んで立論を書かせてみましょう。テーマは生徒の生活に密着した課題がよいでしょう。肯定側、否定側両方の立論を書かせるのがいいのですが、初めのうちはどちらか一方の立場からで十分です。書かせるにあたっては、根拠のない漠然とした意見ではなく、ある程度の調査をさせて、最終的にはその資料に基づいて書かせることが望ましいのですが、常識的な事実に基づいて生徒の感覚で書かせることから始めてもいいでしょう。

論題：Our school festival should be held in September rather than in June.

これについて、肯定側は9月に学園祭を開くべき理由を、否定側は6月に開く理由を書きます。その際、まずそれぞれのメリットをグループで書き出させます。

肯定側：We will have more time to prepare for it during the summer vacation.
It is cooler in September than in June.
否定側：We can concentrate on our studies and club activities during summer vacation if we hold our school festival before it. September is an important time for students to study, especially for third-year students.

次に、それぞれのメリットに対し、2文程度書き加えさせます。例えば、肯定側の We will have more time to prepare for it during the summer vacation. に付け加えるとすれば、At the end of our summer vacation, we have classes in the morning. Therefore, after that we can make preparations in the afternoon. This is a good way to start back at school after a long vacation. のようにします。

立論を書き終わったら、肯定側と否定側に分かれて発表させ、互いの論点をメモさせます。その後、相手側のメリットに対する反論を考えさせて書かせます。

We have more time to prepare for it during the summer vacation. に対してであれば、否定側の反論は It is very difficult for everyone in one class to get together during the summer vacation because some of them have club activities and some go to juku. のような内容を書かせます。It is cooler in September than in June. という理由に対しては、その地域の6月と9月の平均気温を調べさせて反論の根拠とさせることもできます。

最後は最終弁論です。もう一度立論で述べたことともに、相手側の反論を否定したり、その解決法を述べる文章を書かせます。

肯定側：They say that it is hotter in September than in June. But this is not true. According to the data of our local weather station, the average temperature in September is not so high as that of June.
It may be difficult for everyone in one class to get together during the summer vacation, but this problem can be solved if all of us have our own parts to play for the preparation and do our jobs at our own pace.

コンクルーディング・センテンスは、For these reasons, we think we should have our school festival in September than in June. のように締めくくらせます。

より詳しい立論や反論の書き方については「2.7.a Argumentative Writing」(p. 168) を参照してください。

3.3　ディスカッション

ディベートは肯定側・否定側の立場を明確にして互いの意見の正当性を主張する議論形式であり、合意することはありませんが、**ディスカッション**は、ある問題に対して、様々な観点や立場から意見を述べ、最終的に合意に達することを目的とします。もちろんその過程では意見に対しての反論はあり、お互いの正当性を主張することはありますが、相手の指摘に対して意見を修正したり、折衷案を考えたりして、全員が納得できる結論を出すことを求められます。

ディスカッションをさせる場合にも、生徒の身近な問題を解決する案から始めてみましょう。

テーマ：How can we make our school festival more attractive?

生徒の意見としては、例えば次のようなものが考えられます。

・We should encourage all the classes to perform a drama.
・We should introduce a chorus competition.
・We should open various food booths and invite local people.

次にそれぞれの案についてのメリットや問題点を考えて書かせます。

It is a good idea for all the classes to put on a drama. However, it takes a lot of time and effort, whereas a chorus performance doesn't. Moreover, the whole school will become active while classes are practicing.

It is true that performing a drama needs great effort, but if the student council provides scripts and imposes a rule to forbid using any stage settings, we can save time and effort.

このような、具体的な案とその理由を考えて書かせます。大切なことは、実現可能な案であること、メリットが多いこと、デメリットがあればそれを克服できる方策があることです。ここではドラマよりも、コーラスがよいとする意見で、生徒会がドラマの準備の煩雑さを制限できるとする解決策までが書かれています。

最後は、自分の意見と他のメンバーの意見を比べて一番良いアイデアを話し合わせて、グループとしての結論をまとめて個々に最終案を書かせます。

At first, I thought putting on dramas is a good idea to make our school festival more attractive, but as Yoshiko says, it indeed takes a lot of time and effort to stage one drama. We may be able to ask our student council to prepare drama scripts and make some rules to decrease our work, but then the members of our student council will be busier. In fact, they have a lot of other jobs for our school festival, so we should not expect them to do more. Instead, I have come to think we should introduce a chorus competition. It is much easier than performing a drama, and the whole school will become active while classes are practicing.

All of our group members agree on having a chorus contest at our school festival.

ディスカッションは単に意見を言うだけの活動になりがちですが、最終的に全員の意見を書いてまとめるところまで行うことによって、ライティング力だけでなく意見をまとめる力も付けることができるでしょう。

3.4 スピーチ

スピーチは、自分の体験をもとに、その時に感じたことや考えたことを述べ、聞き手に何かを訴えかける発表形式です。すなわち、単に体験について語るだけでなく、何らかのメッセージを含んだものであることが大切です。しかし、体験自体は「海外旅行をした」とか「ボランティア活動に参加した」のような大きなものでなくても構いません。日常的な何気ない体験や新聞・テレビで見聞きしたことでも十分スピーチの素材になります。

まず、心を動かされた体験を考えさせてみましょう。憤りを覚えたり驚いたりした体験や悲しい思いをしたことでも構いません。それが決まったら何を感じたかを書かせ、最後にその体験を通じて聞いている人に訴えたいことを考えさせましょう。例えば、次のような些細な体験でも十分スピーチができます。

1）体験したこと

I saw a man shouting at a convenience store clerk. He was angry that he was waiting too long in the checkout line. The young female clerk, who seemed not to be used to working as a cashier, was very upset, and this made her take all the more time to do her job. When the man reached the register, he yelled at the woman, “Why are you taking so much time?” She only said, “I’m so sorry,” again and again. When he left the resister, it was a high school student’s turn. He then said, “Ganbatte Kudasai.”

2）感じたこと

I felt disgusted at the man’s behavior, but at the same time, I was impressed with the high school student’s consideration to encourage the female clerk.

3）訴えたいこと

We sometimes see people unreasonably lose their temper or criticize others unjustly. On the other hand, we see people who can empathize with and care for others. Everybody makes mistakes and may unintentionally cause you trouble, but we should all understand this and make our society more considerate of others.

スピーチは、聞き手をできるだけ早く惹きつけ、話し手に集中させることが大切なので、最初に attention-getter として次のような方法を考えさせましょう。「第1章　2.4.1 エッセイとは」(p. 33)にあるフックに当たります。

1）聴衆に行動を促す

Please raise your hand if you have ever seen somebody shouting in anger in a public place. Perhaps most of you have. I myself saw such a man at a convenience store the other day.

2）聴衆によく知られた名言や話を引用する

"You cannot connect the dots looking forward. You can only connect them looking backward," said Steve Jobs. Yes. You never know the meaning of what you are doing now, but later on you may find it out. I'll talk about such an experience I have had recently.

3）空想的な話題や具体的な事例を述べる

"We have to leave the earth and move to Mars!" Some day in the future, we may have to make such a decision.

4）聴衆に問いかけをする

What would you do if you found that you had missed your train to school, and that the next train had been canceled? You would probably be in a panic and call your school.

（山岡他，2018［15］）

3.5　プレゼンテーション

プレゼンテーションは、自分が伝えたい情報を効果的に聞き手に伝える発表形式です。調査や研究の結果分かったこと、発見したことなどを、視覚的な資料を使いながら発表します。客観的な事実を伝え、その結論を述べることはありますが、スピーチのように自分の主張を述べることはさほど多くありません。そのため、「2.5 Expository Writing」の手法が参考になります。

プレゼンテーションが他の発表活動と異なるのは、**視覚資料（スライド）**にその概要やキーワードを書き込めることです。したがって、原稿を緻密に書かなくても発表することはできます。ライティングをさせる時には、この特徴を生かすこともできます。

原稿とスライドの作成の方法は 2 通りあります。

(1) 原稿を書いてからスライドを作らせる。

(2) スライドを完成させてから原稿を書かせる。

ここでは、(2) の方法を取り上げます。

テーマ：Natsume Soseki's Utopia

スライド 1

Natsume Soseki

・a great writer
・an English teacher
・taught at Tokyo University
・had experience studying in London

スライド 2

Life in London

・didn't go out to see the sights
・didn't interact with British people
・stopped attending college
⇩
・stayed in his room all day reading works of British literature

スライド3

Why wasted such a good opportunity?

・hated British society ⇒ in the midst of the Industrial Revolution ⇒ workers were treated badly
・British society ≠ Soseki's utopia

スライド4

Soseki's Utopia

・Ancient Chinese peaceful world depicted in Chinese poems
・living in a hut in deep mountains
・surrounded by beautiful landscape
・Soseki's utopia ⇒ represented in the novel *The Three-cornered World*（草枕）.

このようにスライドには、説明したい内容の要点のみを簡潔に書き出し、写真や図表などを盛り込んで見やすくすることが大切です。

原稿

What comes to your mind when you hear the name Natsume Soseki? The novels *Botchan* or *I am a cat*? Even if you haven't read these novels, probably you know this great writer.

It can safely be said that Natsume Soseki is the most famous writer that Japan has ever produced. Many of his novels have been translated into English, and he was once featured on the Japanese 1000-yen bill. However, he was not always a writer. Did you know that he was an English teacher before he became a writer?

Because of his outstanding knowledge and skills, he was said to be an excellent English teacher. He taught at some local universities until he became a professor at Tokyo University.

He was such a great teacher that he had a chance to study in London for two years, supported by the government. How happy would you feel if you had such an opportunity to experience living in London for two years?

In Soseki's case, however, it was not a good experience.

He didn't go out very often to see the sights, nor did he interact with many people in that city. He even stopped attending college where he had been studying English literature. Instead, he kept reading works of English literature all by himself at home.

Why do you think he kept to himself in his own room? Do you think it was a waste of a good opportunity?

The reason why he confined himself in his own world is that he hated living in London. This city, where people speak the language that Soseki was studying so hard, was not his utopia at all. As you know, London was where the Industrial Revolution broke out, and Soseki actually saw how it was changing the social system. The workers were treated very badly like machine pieces. To him, such a society was truly not the one that he could possibly stand.

Then, what kind of world was Soseki's utopia? It was the ancient Chinese world where people lived quietly and peacefully. Since Soseki loved old Chinese poetry and longed for the world depicted in the poems, he preferred appreciating Chinese poems to studying English. His utopia was not an industrialized society but rather a world deep in the mountains and surrounded by beautiful landscape.

If you would like to have a glimpse of Soseki's utopia, I recommend that you read his novel *The Three-cornered World*, or *Kusamakura*. You will find this novel very different from other works that Soseki wrote.

テーマは、教科書の内容に関連したもの、他教科で学んだ内容など、できる限り生徒が予備知識や関心のあるものにしましょう。また生徒が総合的学習の時間や探究活動などで取り組んだテーマを英語で発表させてもいいでしょう。

最初はShow & Tellのような比較的取り組みやすい活動から始め、生徒が原稿を書くことに慣れてきたら、少しずつレベルを上げていきましょう。

4 フィードバックと評価

4.1 フィードバックの目的と形式

教育の分野において、**フィードバック**とはそもそも何を指すのでしょうか。『英語教育用語辞典第3版』によると「特定の行動に対する反応として他者から与えられる情報。第二言語習得では、特に、子どもや学習者の発話に対して、養育者（caretaker）や教師、その他の話者が与える言語的・非言語的反応をフィードバックと呼ぶ。」（白畑他，2019［29］）とあります。例えば、スピーキング指導の際、学習者の発話に対して教師がとる反応、すなわち驚いた表情をするとか顔をしかめるとか、Great! と言ったりすることは一種のフィードバックです。その言語的、非言語的反応を見て、発話者は自分の言ったことが適切なのか、問題があるのかを判断します。それでは第二言語ライティング指導においてのフィードバックとはどのようなものなのでしょうか、またどのようにあるべきでしょうか。

ライティング指導におけるフィードバックといってまず連想されるのは、おそらく赤字添削というイメージではないでしょうか。例えば週末の出来事を書くという課題で、“I watch a baseball game on YouTube yesterday.” という文が提出されたとすると、watch のところに赤字で下線かバツ印が書き込んであり watched と書き直してあるイメージです。もちろんこれもフィードバックの一例ではありますが、本書で筆者らが推奨する**プロセス・ライティング**でのフィードバックは、赤字添削や間違いの指摘だけにはとどまらず、**書く内容や論理の流れにも踏み込んだ、いわば学習者が書き手として成長できるような手助け**と捉えられます。一度書いたものを教師やクラスメート、そして場合によってはもう1人の自分に読んでもらって改善していくヒントや助言がフィードバックです。やや大げさに言えば、第二言語ライティング指導におけるフィードバックは、目標言語知識の定着をねらうだけでなく、教員が学習者に与える励ましや人間関係に基づくコメントも含みます。フィードバックをいつ、どう与えるかは、人工知能（AI）や添削ソフトウエアでは判断できず、生身の教員が、教育現場のコンテクストや学習者を取り巻く諸要因を考慮に入れて判断するものです。なお、添削ソフトについては、補章「＜そうはいっても！＞激変する社会・現実的な制約」（p. 218）をご覧ください。

さてフィードバックには、具体的にはどのような形式があるのでしょうか。ライティング研究の著名な学者ハイランド（Hyland）は、フィードバックの方法として**コメント（written commentary）**、**間違い訂正（error correction）**、**面接（conferencing）**、**ピア・ディスカッション（peer discussion）**などの形態を挙げています（Hyland & Hyland, 2008［30］）。ここではこれらを簡単に説明し、「4.2 フィードバックのヒントと例」（p. 207）で具体的な実践方法を紹介します。

1）**コメント**は教師から学習者へのコメントで、内容や文法等について書き込まれたものです。例えば接続詞に焦点をあてた指導の後、接続詞がうまく使えている場合にはそのことを指摘したり、内容に共感を覚えればそれを書き入れたりすることです。逆に、与えられたテーマから逸脱した論の展開になっていたり、同じ間違いが頻発している場合にはそれを指摘します。文の最後にまとめて評価とともに書かれることもあります。

2）**間違い訂正**は、ハイランド自身が近著（2022）［31］で述べているように**Written Corrective Feedback（WCF）**とも言われ、その手法や効果はライティング教育研究では注目を浴びてきました。学習者は第二言語で書く際には、試行錯誤して間違いながら上達していきます。教師がその間違いをどのように訂正すべきか、また、訂正という介入がどのような効果をもたらすのか、書く力を本当に向上させるのか、ということは学習者動機付けの問題とも関連して、カサナブ（Casanave, 2020［32］）を代表として多くの研究や議論がなされています。また、間違いの指摘も、**直接フィードバック**にするのか、間接的に行うのかという観点があり、その効果は議論が分かれるところです。例えば前述の、野球の試合を見たという文で時制の間違いを指摘するには、以下の3つのフィードバックが考えられます。

（ア）　問題の語句のそばに正しい語句を示す

I watch a baseball game on YouTube yesterday.

×watched

（イ）　問題となる語句に下線を引き、訂正語や正しい表現は示さない

I watch a baseball game on YouTube yesterday

（ウ）　問題となる語句に、あらかじめ決めて学習者にも伝えてあった修正記号T（Tense 時制）という略字を書き入れ、どう直すかは示さない

I watch a baseball game on YouTube yesterday
T

という3つの方法があります。（ア）は直接フィードバックで、正解を与えています。（イ）と（ウ）は**間接フィードバック**です。（イ）では修正が必要なことを示すが、何が間違っているのか、どう直すのかは学習者に考えさせます。（ウ）の場合には、Tが時制の間違いを示す旨は学習者に既に教えていることが前提となっていて、時制の間違いを正すようにという指示になります。このうちどれを用いるのかは、到達目標、授業時間、学習者などの要因を考慮に入れて決定されなければなりません。

3）**面接によるフィードバック**は、書いたものについて、教員が学習者と面談をし、意思の疎通を図りながら良い点や改善点などをアドバイスする方法です。ライティングの分量にもよりますが、短い場合には、授業中、原稿を返却する際に、手短にコメントすることから、長い場合には授業時間外に10分～15分かけて話し合う場合もあります。面接によるフィードバックのメリットは、教員にとって、なぜ学習者がそのように書いたか、何を言いたかったのかが分かる点です。学習者にとっても、教員が何を期待しているのか、何が問題なのかを明確にできます。デメリットとしては、個別対応なので時間がかかることです。大学では、エッセイやリサーチペーパーの場合には教員のオフィスアワーの中で予約をしてフィードバックを行うこともあります。個別指導が一般的ですが、レベルの同じ学習者の場合には、少人数のグループで行うこともあり、学習者にとっては、教員と他の学習者のやりとりを聞く中で、書き方のこつや修正の方法などが分かり、かつ時間も節約できます。

4）最後に**ピア・フィードバック**は、クラスメートと書いたものを読み合い、お互いに良い点、改善点をアドバイスする方法です。この場合、事前の教師からの指示が重要です。漠然とコメントさせるのではなく、焦点を絞ってコメントするように指示します。例えば、トピック・センテンスが明確であるか、根拠は示されているかなどの視点を説明するようにします。あるいは、時制が一致しているか、主語と述語は時制や単数・複数が一致しているかといった文法事項を確認させることもできます。ピア・フィードバックを初めて行う場合には、友達の作文を読むのはあらさがしをしたり教師の手間を省くためではなく、読者の立場を経験し、建設的なアドバイスをするためであることを説明します。この際、チェックリストや**ルーブリック**などの何らかの補助を使うとスムーズに行うことができるでしょう。フェリスはピア活動のやり方として、(ア) ワークシートを渡す、(イ) 基準となる質問や指針を与える、(ウ) 欄外や文の最後に生徒自身のコメントを書かせる 3 つのやり方があると述べています（Ferris，2014［33］，p. 259)。最初は（ア）や（イ）の方法を用いるとよいでしょう。ここでは（イ）の例を表 13 で示します。このような指針を与えることで、生徒同士が過度に褒めたり批判的になることを避け、客観的かつ建設的なピア・フィードバックが行われることを目指します。

表 13：ピア・フィードバックに使用するタスク例

ペア（あるいは 3 人グループ）で次の 4 点を書き手に伝えてください。

1. 内容を読んでおもしろかったこと、もっと知りたいと思うこと
2. 構成の点でうまい、自分もやってみたいと思うこと
3. 表現や語彙の使い方がうまい、分かりやすい、と思うこと
4. もっと良くなるためのアドバイスを 1 つ

ピア・フィードバックでは学習者は他の人の書いた英語を読むことになり、そこから自分の作文も振り返ることになります。また、教師の気付かない点を学習者が気付くこともあります。教師にすべてを直してもらう段階から、学習者同士で学びあう活動へと進み、最後は自身で推敲ができるようになれば、以下の流れのように、ピア・フィードバックをもとに学習者が自立した書き手となることが期待されます。

教師にすべて直してもらう → 生徒同士で直す → 自分で直す

指導上の注意点として、ペアやグループでのフィードバックにおいては、生徒の人間関係やクラスの雰囲気に気を配ることが必要です。自分が書いたものを教師以外のクラスメートに見せたくないという学習者もいるかもしれません。その場合には、教師がペアやグループの作り方に配慮し、活動の意義を丁寧に説明し、協働の学び合いの場が作れることを理解させるようにします。

4.2 フィードバックのヒントと例

これまでフィードバックとは何か、どのような形があるかを概観しました。ここでは日本の学校現場で英語ライティングを教える場合のヒントを提案します。限られた時間とリソースの中での、持続可能な、徹夜なしのフィードバックを考えました。

4.2.1 何をフィードバックするか優先順位をつける

一般的に、ライティングのフィードバックは時間がかかり骨の折れる仕事です。1クラスの人数や担当クラス数を考えると、気が重くなるかもしれません。しかし読んで気が付いたことにことごとくフィードバックしなければならないと思い込む必要はないのです。学習者にとってみても、提出した作文が真っ赤になって戻ってきたとすると、やる気をなくすことにつながる可能性もあります。そうなることを避けるための方法を2つご紹介します。まず、**教師が重点を置いて教えたこと、あるいはその課題のポイントに絞ってフィードバックをすること**です。フェリスは、フィードバックの効果があるのは1つの作文に対して2つから4つの指摘をする時であると言っています。まず全体に目を通して、その作文の問題点の優先順位をつけて、フィードバックをするように勧めています（2014［33］, p. 244）。あれもこれも指摘するのではなく、例えば原因と結果のパラグラフが課題であったとすると、因果関係を示す表現が使えているか、原因と結果の説明は論理的かなどのポイントをあらかじめ決めてそれらに焦点をあててフィードバックします。そのためには、以下のようなチェックリストを作っておくとよいでしょう。

表 14：原因と結果を表すパラグラフの到達目標とチェックリスト例

	到達目標	チェック
パラグラフ構成	明確なトピック・センテンスがある。	（ ✓ ）
	原因が論理的に結果と関連付けられている。	（ △ ）
表現	因果関係を表す文型や表現が使えている。 Therefore, As a result, など	（ ✓ ）

表14を最初から学習者と共有しておけば、時間節約のため、チェックを入れてそのままフィードバックすることができます。あるいはこれをもとに、例えば以下のようなコメントができます。

「妖怪映画が大ヒットした理由を、ストーリーの意外さとキャラクターのおもしろさが原因であることを分析したパラグラフで､読んでいておもしろい展開でした。内容を示したトピック・センテンスはうまく書けました。その後、キャラクターのおもしろさは例を挙げて説明するともっと説得力が増します。Therefore という接続詞はうまく使えています。」

このように、フィードバックは指導のポイントに沿って、かつ自分で推敲する際の指針が明確になるようなやり方が望まれます。

クラス全体の英作文を見渡すと、いくつかのパターンが見えてくることがあります。例えば理由付けが求められているところで理由になっていない、あるいは、因果関係の流れが原因から結果なのか、結果から原因なのかが明示的でないなどの問題に対するコメントバンクを作っておくと、そこから該当するものをフィードバックできるので便利です。

要は、到達目標に合わせたフィードバックを、ポイントを絞って行うようにするとよいでしょう。その際、学習者にもフィードバックの焦点を伝えておきます。文法事項の時制や単数･複数にこだわりたい場合には､その点に集中してフィードバックを行います。つまり教師は、いつもすべてに目を通す校閲者である必要はありません。むしろ学習者に、その特定のライティング活動における目標は達成できたのかどうかを伝えることが、教師本来の役割と心得るべきです。

もう1つの、時間が節約できてしかも効果的な方法は、**1クラス全員のライティングを最初にざっと目を通し、共通して見られる問題やよくある間違いについて、授業の中でクラス全体でフィードバックを行う**というものです。特にパラグラフ全体の構成やテーマの取り違えなどの問題は類型化して説明します。また、文構造や語彙の誤用についても全体に指導すれば既習事項の定着になり、かつ個々に細かいコメントを書き込む時間が省けます。

一例を挙げます。例えばソーシャルメディアが教育に与える影響を論じているパラグラフの中で次のような文があったとします。Because の使い方を間違っている生徒が複数いる場合、1人の生徒の作文を、個人が特定されないように配慮をして全員に示し、主張の根拠となる説明がなされていると褒めたうえで、この文のどこが問題かを問いかけます。

If we get a LINE message from a friend while studying, we will not be able to focus on study. Because we think we must reply immediately. Also, we may get some wrong information on social media. Because we have no media literacy.

Because の使い方が問題であることを指摘したうえで、例えば以下のように直すことを示します。文のつなぎ方の練習となります。

If we get a message from a friend while studying, we will not be able to focus on our studies; we may think we must reply immediately. Also, we may get some wrong information on social media, as we have not acquired media literacy yet.

この場合も、間違いに対する対処法やフィードバックの説明を別ファイルに作成しておき、そこから必要に応じて指導の際に用いると時間と労力が節約できます。このようなフィードバックのポイントは ALT や JET などのスタッフが英語を読んでくれる場合にも事前に伝え、何をポイントにしてフィードバックをするかをよく話し合っておくとよいでしょう。

4.2.2 いつフィードバックするか、タイミングを設定する

フィードバックはどのタイミングで行えばよいでしょうか。フィードバックとは、それをもとに書き手が推敲するものなので、タイミングとしては（ア）構想の段階と（イ）1 回目の原稿提出後が効果的です。

（ア）構想の段階

書き出す前のアウトラインやマッピングなどで構想を練る段階で、**一度簡単にアイデアチェックをしてフィードバックをすることがお勧め**です。プロセス・ライティングとして、ブレインストーミングの段階で何らかのアウトラインや、できればトピック・センテンス 1 文を書かせて提出させます。課題の内容をよく理解していなかったり、的外れの内容に発展しそうな場合、あるいは論理展開が迷走している場合には、書き出す前に考えを整理する手助けをします。

また、トピック・センテンスを作ることが難しい場合、**ヒントになる語彙や表現を教えると**学習者は無理なく書き始めることができます。トピックとそれに合うコントローリング・アイデアが必要なことを確認します。書き始める前に、ペアやグ

ループで書こうとすることをディスカッションする時間を設けるとよいでしょう。学習者は、書きたいことを誰かに説明することにより、自分のアイデアを客観的に見ることができます。トピック・センテンスを英語でどう表現するのか分からない場合には、一緒に考えたり辞書で調べたり、最終的には教師に質問することができます。

（イ）1回目提出後

1回目提出後のフィードバックは、まず**パラグラフ論理に関わること**を行います。例えば意見文パラグラフにおいて、理由が理由になっていない、あるいは主張と根拠が結びついていない場合には修正を促します。生徒の作文に Getting up early in the morning is good for health for two reasons. とあり、そのサポーティング・センテンスとして First, breakfast gives you energy. という文が続くとすると、この文は、舌足らずで、トピック・センテンスを十分に支えていないことを指摘します。朝早起きすることと、朝食がエネルギーを与えることはこのままでは結び付きません。そこで、First, you will have enough time for breakfast, which gives you energy for the day. という具合に、トピック・センテンスへの関連付けが必要なことを指摘します。サポーティング・センテンスが書き足りないのは初心者の書き物によく見られる傾向です。次にトピック・センテンスには理由が2つとありますから、Second, としてもう1つ理由を書かなければならないことを指摘します。

パラグラフの論理の次は、**文の書き方や語彙の選択についてフィードバック**します。1回目の英作文の提出物にしばしば見られた間違いについて指摘します。例えばスマートフォンの学習に与える影響を論じるパラグラフで、サポート文が文になっていない例が見られたとします。

Second, reliance on search engines.

検索エンジンへの依存とだけ書いてあり、文になっていないことに注意を喚起して、Second, smartphones make students dependent on using search engines. などの文にすることを示します。

4.2.3　ルーブリックやチェックリストを利用する

フィードバックの3つ目のヒントとして、「原因と結果を表すパラグラフの到達目標とチェックリスト例」（表14，p. 207）のような**チェックリスト**を使用することにより、活動の目標を明らかにすることができます。また、ルーブリックは評価の指針とも重なる部分が多く、その使用は教師のフィードバックに方向性を持たせる役目も果たします。表 15 では、プロセス・ライティングの流れを示した学習者向けルーブリックを紹介します。書くプロセスを可視化してあるので学習者にとってもチェックリストとして使用できます。

表 15：プロセス・ライティングの流れを示したパラグラフ用ルーブリック／チェックリスト例

段階	ライティングのステップ	まだまだ	部分的にできている	よくできている
Brainstorming 構想	アウトラインやマッピングで構想を練った。			
Organization 構成	トピック・センテンスを明確に書いた。			
	トピック・センテンスの内容を示すサポーティング・センテンスを 2 文以上書いた。			
	パラグラフの形式で書いた。 （文ごとの行替えはしていない。）			
	コンクルーディング・センテンスを書いた。			
Language 英語	主語と述語のある文を書いた。 （宙ぶらりんの語句はない。）			
	つなぎ言葉を適切に使って文と文をつなげた。			
Revision 推敲	フィードバックを参考に初稿を修正した。			

4.3　ライティングの評価

4.3.1　ライティング評価のタイミング

ここでは、授業や宿題で何らかの指導を行っている途中で、あるいは行った後の評価を中心に述べていきます。時間を制限して行う**プレイスメントテスト**や、入試、留学等に使用される TOEFL や資格試験のライティングテストには言及しません。

クルーザンとマツダ（Crusan & Matsuda, 2018［34］）によれば、ライティング評価は、課題の完成後、あるいは学期の最後に行う点数評価に限らず、指導や学習の中に組み込まれて持続的に行われるべきであるとしています。ライティング指導では**形成的評価**をするべきで、実際に指導したことや、測りたいスキルを測ることのできる評価方法を策定しなければならないと述べています。

そのためには、少なくとも教師は、指導の前に、ライティングに関して教えたことをどう評価するのかを具体化したうえで指導を始めることが肝要です。ライティングだけを扱う授業でなければ、全体のカリキュラムの中でライティング評価にどの程度の比重を持たせるか判断をしなければなりません。定期試験にライティング問題を組み込んで評価する場合もあるでしょう。ライティング活動の目的と授業時間に応じて評価方法と基準を決定し、その情報を学習者と共有しておくことが望まれます。

4.3.2　ライティング評価基準の策定

ここでは評価基準について説明します。文レベルの英作文の場合には、条件を指定して 1 文か 2 文程度を書かせたり、2 つの文を言葉を補ってつなぐタスクなどで理解度を測ります。

書かせるタスクがパラグラフの場合には、評価の**信頼性**を高めるためにルーブリックを作る必要があります。それにはまず、評価の項目とその到達度（尺度）を決めます。評価項目とは、例えば文構造、文法事項の特定の項目（時制など）やトピック・センテンスが書けているかなど、重点的に指導した事柄です。例えば「プロセス・ライティングの流れを示したパラグラフ用ルーブリック／チェックリスト例」（表 15, p. 211）や、最終評価としてはその中の構成と英語力の項目をもとに微調整してルーブリックを作ります。

エッセイの長さになると、もう少し詳しいルーブリックが必要となり、クルーザン（2010）［35］は、アメリカの大学 1 年生向けの英語クラスにおける評価ルーブリックとして、次の大きなカテゴリーと更にそれを細分化させたサブカテゴリーの評価基準を作っています。それらは、内容、構造、文法、語彙、形式の5つです。例えば内容という範疇の中には、「課題を理解し指示に従っているか」が測られています（p.85）。そして到達度は0点から5点までの6段階で表します。これらの基準の中から、到達目標やエッセイのタイプを考慮に入れてルーブリックを策定します。クルーザンの基準は、英語を第一言語として書く場合の指標ですが、第二言語としてのライティングにも応用できると思われます。高校で数パラグラフからなるエッセイまで書けるのは、意欲が高いクラス、あるいは英語のレベルがある程度高いクラス向けですが、次ページに表16で一例を示します。

日本の英語ライティング指導研究においても、ルーブリック開発と有効性に関する研究があります（馬場，2008［36］；平林，2016［37］；藤居，2020［38］）。しかしプロセス・ライティングの観点を取り入れ、かつ日本の高校実践に適したルーブリックの具体例は、筆者が知る限り、提示されていません。ここではクルーザンの基準を参考にした3つのルーブリックを紹介します。表16は、何かの出来事について書かせた叙述文パラグラフの評価例です。表17は、意見文パラグラフの評価例、そして表18では原因と結果を説明するエッセイの評価ルーブリックを示します。これらをたたき台として、教育目標と学校の現状に合わせて、修正して使ってください。なお、ご自身が教えている文脈に合うルーブリック案ができたら、複数の教員で意見交換し、それを使用して数名分のライティングを試しに評価してみて結果をすり合わせることをお勧めします。評価が不一致の点があれば、なぜ不一致が生じたかを話し合い、その後評価項目や評価段階を調整します。また、細かい判断基準ができたらメモとして記録に残すようにします。この作業を行うことにより、自分の教員としての価値観や思い込み、評価の癖などが明らかになることがあります。

表16：叙述文パラグラフ評価ルーブリック例

評価項目	評価細目	10点	5点	0点
内容	課題の指示に沿っている。			
	時系列で順序に沿って書けている。			
パラグラフ	トピック・センテンスが書けている。			
構成	詳細に説明が書けている。			
	コンクルーディング・センテンスが書けている。			
文法	動詞の時制が正しく書けている。			
	スペルや句読点にほとんどミスがない。			
語彙	適切な語句が使えている。			
	つなぎ言葉が適切に使えている。			
			合計点	/90

表 17：意見文パラグラフ評価ルーブリック例

評価項目	評価細目	Excellent!	Good!	Try harder!
内容	課題に的確に答えている。	与えられた課題に答えている。	与えられた課題に答えていない部分がある。	課題とは無関連のことを書いている。
	意見を明確に表明している。	意見（賛成、反対）が明確である。	意見が明確でない。	意見がまったく書かれていない。
パラグラフ構成	トピック・センテンス（TS）が書けている。	明確な TS がある。	TS があいまいである。	TS が書けていない。
	2 つ以上のサポーティング・センテンス（SS）で TS の根拠を示している。	SS が 2 つ以上ある。	SS が 1 つはある。	SS がない。
	サポーティング・センテンス（SS）が 1 文以上の例示や詳細な説明で補足されている。	2 つ以上の SS が例示や詳細な説明を伴っている。	1 つの SS が例示や詳細な説明を伴っている。	SS が例示や詳細な説明を伴っていない。
	コンクルーディング・センテンス（CS）が書けている。	CS が TS の書き換えとして書けている。		CS がない。
文法	主語と述語が一致している。 単数・複数に齟齬がない。	おおむね主語と述語が一致している。		主語と述語が一致していない箇所が数か所以上ある。
スペリング	スペリングや句読点にほとんどミスがない。	スペリングや句読点にほとんどミスがない。		スペリングや句読点に数か所のミスがある。
語彙	トピックに関する適切な語句が使えている。	トピックに関する適切な語句が使えている。重複を避ける工夫が見える。		同じ語彙が多用されていたり使い方が適切でない。
	ディスコース・マーカー（つなぎ言葉）で文の論旨が追える。	ディスコース・マーカーで文の論旨が追える。		ディスコース・マーカーがないか、あっても使い方が不適切で、文の論旨が追いづらい。

表18：原因と結果を説明するエッセイ評価ルーブリック例

評価項目	評価細目	評価（1－2－3－4－5）
内容	課題に的確に答えている。	
	原因と結果の関係が明確である。	
	論旨に矛盾がない。	
エッセイ構造	導入部でメイン・アイデア（thesis statement）が書けている。	
	テーマ文を、複数のパラグラフでサポートしている。	
	本論の各パラグラフでは、それぞれトピック・センテンスが書けている。	
	結論部でそれまでのパラグラフをまとめている。	
文法	文構造に誤りがなく、宙ぶらりんの語句がない。	
	複雑な文型（分詞構文や関係詞のある文）が使えている。	
	動詞の時制や形にほとんどミスがない。	
	スペリングや句読点にほとんどミスがない。	
語彙	適切な語句が使えている。	
	重複を避け、できる限り違う表現を用いている。	
倫理	出典を明らかにしている。	
		合計点　/70

なお、国際的な大規模テストにおけるライティングテストの評価基準は、運営団体のウェブサイトに示されていますので、興味のある方はご覧ください。例えばTOEFL iBTでは2通りのライティング問題が課されます。どちらも、学術的な書き方ができるかを調べることを目的としていて、まず、主に自分の意見をエッセイの形式で表明するindependent writingと、もう1つはその場で聞いたり読んだりしたものについて要約や分析を行うintegrated writingです。評価はそれぞれ0から5の6段階で行われ、評価基準が詳細に決められています。例えばスコア3と評価

されるのはどのような回答かが説明されているので、ライティングの評価を考えるうえで参考になります。

ライティングセクションは合計で0点から30点で評価され、例えばアメリカの大学入学者選抜においては、英語非母語話者が出願する場合、TOEFL iBTテストスコアの提出が求められることが一般的です。

一方、イギリス系の大学で使用される大規模テストとして**IELTS**アカデミック版があります。この中のライティングテストは2つのタスクがあり、1つは図表やグラフなどの情報を説明したり描写したりする問題、もう1つは設定された課題についての自分の見解や意見を書く問題です。こちらもウェブサイトに評価の観点が書かれており、評点は0から9までの10段階（バンド）で評価され、それぞれのバンドの特徴や基準が公開されています。

イギリスやオーストラリアの大学に非英語圏の国から出願する際には、英語力の証明が求められており、IELTSのスコアを提出する場合にはライティングの点数も一定のスコアを得ていなければなりません。

4.3.3　評価の波及効果（washback effect）について

テストや評価には**波及効果**がつきもので、ライティング評価もしかりです。良い波及効果としては、ライティングが評価される、あるいは試験に取り入れられることになれば、学習者はライティング活動により熱心に参加するでしょう。一方、負の波及効果としては、特に採点のルーブリックが明らかになればそれを参考に良い点をとることだけが目標になり、真にライティングを上達させようというモチベーションが下がるかもしれません。また、ライティングのタスクに語数や時間制限が入ってくる場合、書く作業が形式的なものになり、語数を埋めるのに精いっぱいになったり、求められた型に従って書いて良い成績をとることに腐心するというマインドセットが生まれれば本末転倒の事態になります。書くことは本来、自分の考えを整理し、それを読み手に合わせて論理的に表現するというものであり、その目的を頭に置いて日々のライティング指導にあたりたいものです。

補章　＜そうはいっても！＞激変する社会・現実的な制約
私たちはテクノロジーとどう「共生」したらよいのでしょうか？

1　はじめに

本章は、これまでの章とはトーンを変えて、未来のライティング教育について考えてみましょう。具体的にはこれから10年、20年経った先の「当たり前」を想像しながら、現在のライティング教育に着実に忍び寄っている変化、そしてこうした変化をどう捉えたらよいのかについて1つの考え方を示すのが目標です。

未来のライティング教育を考えるにあたり、今と何が違っているでしょう。先生方の教え方が今と比べて格段に上達し、そのおかげで生徒のライティング能力が飛躍的に向上していることを期待したいですが（そして本書もその役に立っていたら嬉しいのですが！）、残念ながら人の能力がそう劇的に変わるとは考えにくく、そもそも人の知性とはそういったものだとも思います。

一方で、確実に変わると断言できるものがあります。それは**テクノロジー**の変化であり、それに伴う教育環境の変化です。昨今のインターネットを活用した**デジタル技術**の進展はめざましいものがあり、有料、無料を含め、英語学習を何らかの形でサポートしてくれるアプリケーションやサービスは既に山のように存在します。例えば典型的な例として、私たちがMicrosoft Wordを使って英文を書く時、**スペルミス**や単純な文法項目の間違いが指摘され、自動修正されたりします。特に設定を変えない限り、こうした**ライティング・サポート**はもはや特別なものではなくなってきました。

1.1　テクノロジーの功罪

こうしたテクノロジーによるサポートは、確かにありがたいものです。従来の、人海戦術で行っていたら思わず見落としてしまうような単純なミスを、コンピュータは確実に拾ってくれます。例えばスペルミスの指摘がそうです。Althoughと書くべきところを、Altoughと書けば、たちまちWordに赤波線がついて教えてくれます。頭の中では正しいスペリングをしたつもりでも、私たちは人間ですから、実際に書くとそれとは異なって書いてしまうというミスをたびたび犯します。無意識にしてしまうことが多く、自分としては正しく書いたつもりでいますから、後から見直しても気付かないことさえあります。しかしコンピュータは、冷静に、着実に、何度でもそうした誤りを指摘してくれます。

「うっかりミス」を指摘してくれるライティング・サポートはとてもありがたい一方、こうしたサービスが普及するにつれて少々厄介な問題が生じてきます。それは、こうしたテクノロジーの力を「当てにする」態度が私たちに生じてしまうことです。

例えば私は、教えている大学生に対して、抜き打ちでテストをすることがあります。1月から12月までの英単語を紙に鉛筆で書いてもらうテストです。抜き打ちでやるというのがポイントですが、驚くことに、100点満点はほとんど出ません。複数の大学で実施してきましたが、結果は惨憺たるものです。いかに「できた気でいるか」ということを大学生も思い知るわけですが、一方でFebruary（2月）などは、確かに難しいスペリングで思わず忘れてしまいそうです。これは日本人だけでなく、英語のネイティブスピーカーですら同様です。

ところがどうでしょう。同様のテストをWord上で行えば、たちまち間違いが指摘され、コンピュータが示した候補の提示に従い、正しくスペルミスを修正することができます。例えば先のFebruaryですが、たとえfebularyとミススペルしても、修正候補の中にFebruaryがしっかりと出てきます。すると学習者はどう思うでしょう。どうせPCが正しく直してくれるのだからということで、単語のスペルなどうろ覚えのままで済ますようになるでしょう。何度も何度もノートに書いて、正しいスペリングを手に覚えさせるようなことがばかばかしく思えるわけです。

こうしたコンピュータへの依存は、英語学習の観点から確かに問題かもしれません。Februaryのスペルが正しく書けるかどうかという一点に絞って考えてみれば、コンピュータを使うようになった私たちは、確かに英語力が前より落ちているのかもしれません。しかし、こうしたテクノロジーの便利さに「悪ノリ」することだけをあげつらって、「だからテクノロジーは良くないんだ」、「コンピュータは人を怠けさせる」、と闇雲に悪者扱いすることも短絡的かと思います。

少し考えてみれば同様のことが、私たちの漢字使用についても起こっています。PCやスマートフォンを使って情報をやり取りする割合がますます高まってきた今日、手書きで漢字を書くよりも、コンピュータの変換機能を用いて、正しい漢字を「探す」ことの方が多くなってきました。例えば抜き打ちで、「びわこ」や「せっさたくま」の漢字を尋ねたとして、一体何人の日本人が正しく書くことができるでしょうか。ところが、「琵琶湖」、「切磋琢磨」と書いてあれば、多くの日本人は即座に読むことができるでしょう。

ここがポイントです。私たちは好むと好まざるとにかかわらず、既にテクノロジーと共生し、共存した生活を送っています。確かに私たちは、コンピュータの出現によって、漢字を手書きできる能力は下がったかもしれません。しかしその一方で、正確に書けない多くの漢字をコンピュータの力を借りて縦横無尽に操り、高い生産性を発揮できています。果たしてこれは悪いことでしょうか。私にはそうは思えませんし、かつての**ラダイト運動**のように、機械やテクノロジーを頭ごなしに否定するやり方は、もはや時代錯誤とすらいえるでしょう。

テクノロジーの恩恵によって、普通の人が難解な小説を容易く書き、企業や行政で文書を作り、SNS 上で様々なテキストメッセージを飛ばし合うことに成功しています。いちいち漢字を調べていたらものすごく時間がかかるでしょうし、それゆえ、多くの普通の人が、文章を書いたり、そうした文章によるコミュニティに参加することを敬遠してしまうでしょう[3]。書くという作業を、一部のエリートから大衆へと民主化させるうえで、テクノロジーの果たした役割は小さくないように思います。たかが**漢字変換**の話題で民主化とは大げさに思われるかもしれませんが、「書く」という能力が高い教育レベルを必要とし、常に特権的なものであったことは歴史が物語っています。

とはいえ、テクノロジーに依存しすぎて、私たちがまったく漢字を書けなくなってしまうのも問題です。ある程度の漢字が自力で読めて書けるからこそ、機械を用いた変換が可能になります。つまり、ちょうどよい「塩梅」が必要なわけです。私自身、テクノロジー至上主義を掲げ、すべてがすべてテクノロジーに依存すべきだと主張しているわけではありません。現実的にそれでは立ち行かないのは明らかで、基礎力あってのテクノロジーです。そして、自分で漢字を書きこなせる基礎力を高めれば高めるほど、ちょうど梃子の原理のように、テクノロジーによって支援される漢字を使った表現の幅は高まります。基礎的な力の涵養と、テクノロジーの恩恵に最大限あやかって自由に表現することができる力と経験、このどちらもが大切です。

3　この他にも、日本語を学習する留学生にとって、漢字を新たに覚えそれを使いこなすのはとても大変な作業であることが挙げられます。（それゆえ漢字圏の出身者は日本語学習において大きなアドバンテージを持ちます。）しかし PC やスマートフォンの漢字変換機能のおかげで、コミュニケーションの可能性を大いに高めることができるようになりました。

2　機械翻訳とどう共存したらよいのでしょうか

前節で私は、テクノロジーと共生し、その恩恵を受けながら、私たちがもつ能力を amplify することは基本的に好ましく、避けては通れないことを述べました。amplify とは拡声するという意味です。音楽で用いる「アンプ」は amplifier のカタカナ語で、もともとの音を何倍にも拡声し、多くの人に聞こえるようにしてくれる機械です。テクノロジーとは、まさに私たちが持つ能力を何倍にも高めてくれるアンプだといえるでしょう。そしてこれを使わないこと、使いこなさないことは損だと思います。

英語教育、そしてライティング教育においても同じスタンスでよいと思います。スペルミスの指摘や、文法の誤りの機械による指摘など、これらは学習者の教育ツールとしてとても有効です。テクノロジーが身近にあることで、学習者は教師がいなくとも、24 時間、自分のペースで自らの英語を修正し続けることができます。こうしたテクノロジーによるサポートを受けながら学習者は学び、無理なく英語力を伸ばしていくことができるでしょう。ある意味で理想的な塩梅、そして理想的な学習環境といってよいと思います。

2.1　機械翻訳の台頭

さて、ここまで議論してきた基礎力とテクノロジー活用についての塩梅ですが、どう考えてもこの塩梅がうまくいかなくなるテクノロジーが出てきました。それが**機械翻訳**です。**Google 翻訳**（https://translate.google.co.jp/?hl=ja）、DeepL（https://www.deepl.com/translator）、**みらい翻訳**（https://miraitranslate.com/）を、現時点での 3 大翻訳サービスとして挙げることができると思います。これらは、**人工知能**（Artificial Intelligence: AI）を活用した、いわゆる**ニューラル翻訳**といったもので、一般には機械翻訳、**自動翻訳**と同義です。2010 年代、人工知能は画期的な進展を遂げます。それが**ディープラーニング**（Deep learning）という新たな知性ともいうべきものによるところが大きいのですが、こうした技術革新を経て、機械翻訳の性能は格段に向上しました。

2010 年代以前、もしくは、2010 年代中頃までは、機械翻訳といってもその精度は低く、電子辞書的な使い方に止めておくのが賢明でした。というのも、日本語を無理に機械翻訳にかけても、it が乱発されたり、急に難しい単語が入ってきたり、英語として成り立っていなかったりと、早い話が機械翻訳を使ったことがすぐにバレました。教員がそれを指摘することは簡単でしたし、その証拠に、日本語の文章を機械翻訳にかけ、出てきた英語を更に機械翻訳で日本語に訳し戻してみると、原型をとどめないほど意味が変わってしまっていることが多々ありました。つまり、実用に耐え得るレベルではありませんでした。

ところが現在、例えばDeepLが産出する英語は、英語として何ら違和感がなく、時として非母語話者ではとても書けないような言い回しも提示してくれます。発話者の意図がうまく反映されているかどうかは別として、冠詞や主語と動詞の一致、時制からスペルミスに至るまで、文法的な観点から見る限りでは、極めて正確な英文を訳出し、文脈もかなりの程度把握してくれます。というのも、仕組みから考えてみればそれも当たり前で、AIが母語話者の用いる英文データを常時取り込みながら、それに基づいた英文を産出するわけで、理論的には、翻訳の精度は時を経るごとに極限まで高まることになります。

もちろん、機械翻訳も誤訳はしますし、文脈を正確に反映できなかったり、時に（原文の曖昧さのため）意図とは逆の英文を産出してしまうこともあります。また、専門用語が頻出するような高度なライティング領域では、まだまだ課題が多いといわざるを得ません。しかし、日常生活のレベルや、中学、高校、大学の１～２年生程度の教育で扱う英語のレベルにおいては、ほとんど問題のない、見事な英語を訳し上げてくれます。私も大学で教える教員として、正直、この機械翻訳の性能については舌を巻いてしまいます。「英文がうますぎる」ということで、学生が機械翻訳を用いたかどうかを推測することはできますが、それでは本末転倒なわけで、もはや学生が機械翻訳を用いたのかどうか、どの部分をどの程度用いたのかを正確に言い当てることは不可能といってもよいと思います。少なくとも私にはできません。

2.2　機械翻訳の何が問題なのでしょうか？

機械翻訳もテクノロジーの一種です。これまで議論したスペルチェックや、漢字の自動変換と基本的には同じで、コンピュータが私たちのライティングをサポートしてくれるものです。しかし今日の機械翻訳は、もはやそうしたレベルでは論じられないように思いますし、そう直感する読者の方も少なくないと思います。なぜ私たちは、機械翻訳のテクノロジーをあたかも「別格」として捉えてしまうのでしょうか。理由はいくつか考えられますが、その大きなものの１つに、機械翻訳が、もはや私たちのライティングをサポート（手助け）するレベルを遥かに超え、使用者以上の実力を持ってしまうということにあると思います。事実、みらい翻訳は、和文英訳・英文和訳ともに、TOEIC 960点レベルのビジネスパーソンと同等の実力であることを謳っています（みらい翻訳，2019［39］；ラムズデン，2022［40］）。そうやすやすとTOEIC 960点が取れないことは、火を見るよりも明らかなことでしょう。

もちろん、スペルチェックも漢字変換も、自分では気付かない、できないことをやってくれるわけですから使用者以上の実力です。しかし、それは程度の問題であって、もし明日、急にテクノロジーが使えなくなったとしても、時間はかかるでしょうが、何とか辞書を片手に最終的な結果（アウトプット）の辻褄合わせをすることは可能でしょう。しかし機械翻訳の場合はどうでしょうか。使用者の今の英語の実力を遥かに凌駕する英文が産出できてしまうテクノロジーを、もし明日失ってしまったならば、その人が「英語でできること」の範囲が格段に狭まってしまいます。ここに、ライティングの効率化に寄与するテクノロジーと、ライティングを革命的に変えてしまうテクノロジーの質的な違いを見ることができます。前者は基礎力との塩梅が大切だと述べましたが、後者は塩梅どころの問題ではなく、結果に直接的な影響をもたらしてしまうのです。

2.3　現在進行形のテクノロジー

ではどうしたらよいのでしょうか。私たちは機械翻訳を全面的に使うことで、英語ライティングの教育から手を引いた方がよいのでしょうか。はたまた、機械翻訳は英語力を阻害する悪だとして、一切の使用を禁止するべきなのでしょうか。

もちろんこのように両極端に振り切ることは賢明ではなく、現実的にもある程度の中間線を模索するべきだと思います。私もそのスタンスです。しかし、そうした妥当なラインを探ろうにも、先行事例も、先行研究もほとんど見当たらないというのが現状で、まさに私たち一人一人が自分の頭で考えていかなければなりません。私がライティングとテクノロジーの関係を検討する際に教科書のように用いている *The Handbook of Technology and Second Language Teaching and Learning* (2017)［41］という書籍がありますが、2017年という発刊でありながら、まだ機械翻訳については本格的に取り上げられていません。世界的に見てもそうなのですから、日本国内でも当然で、もう少し様子を見てから教育への導入の是非は考えたらよいという考え方もあると思います。しかし、私はそれほど悠長なこともいっていられない状況だと思っています。

確かに高校の教育現場で、生徒が先生の目の前で機械翻訳を用い、何の苦労もなく日本文をそのまま英語にかけて提出するという光景は、あまり現実的なものではありません。1人1台PCやタブレット端末が支給され、それを常に活用しながら授業を受けられる高校はまだそう多くはありませんし、スマートフォンでアクセスしようにも、多くの高校では授業時間の使用が禁止されている場合がほとんどだと思います。しかし一部の高校の先生方から、ライティングの課題、特に自由英作文などは、あまり自宅での宿題にはせず、授業中に書かせる場合が多いと聞きます。その理由は、自宅での持ち帰りにした場合、何を使ってくるか分からないからということでした。もちろんこの「何を使うか」ということについては、辞書を丸写ししたり、親や兄弟による代理作成、他人のものやネットに上がっているものを剽窃するなど、好ましくなく、勉強にもならない手段を取りかねない懸念があるのはもちろんでしょうが、機械翻訳の使用を暗黙裡に想定しておられる先生方もいらっしゃるはずです。そして、今後機械翻訳の使用はますます普及するでしょうし、こうしたツールに高校生が手を出すのは時間の問題だと思っています[4]。私が強調したいのは、間接的ではあっても、機械翻訳の影響は高校のライティング教育に既に出ているということです。研究成果を待ってから、他校の様子をうかがってからといっていては、目の前の生徒たちへの適切なガイドの機会を潰してしまうことになりかねないのです。

2.4　英語4技能と機械翻訳

ここで、英語教育を4技能（話す、書く、読む、聞く）に分け、それぞれの分野における機械翻訳の影響を考えてみましょう。私たちは現在、機械翻訳の英語教育に与える影響を研究しています[5]が、機械翻訳ある／なしで、英語の試験問題を解くという実験を既に実施しています。分かってきたことは、意外にも機械翻訳は、決して私たちがその恩恵に全面的に依存できるような、いわば薔薇色のツールではないということでした。これは機械翻訳の性能（正しく訳出できているか）のこと

4　現に、大学の英語授業において、自動翻訳を実質的に使って課題やプレゼンテーションの準備を行う学生は、明らかになっていないだけで相当な割合にのぼると思います。私たちは今後、こうした調査も行う予定です。

5　具体的には、立命館グローバル・イノベーション研究機構（R-GIRO）「記号創発システム科学創成：実世界人工知能と次世代共生社会の学術融合研究拠点」における、グループ5「マルチモーダル言語教育を加速する次世代メディア応用とゲーミフィケーション」（グループリーダー：山中 司）がこれにあたります。

をいっているのではありません。私たちは、被験者である大学生を対象に、TOEFL-ITP（TOEFL の団体向けテストプログラム）の試験問題などを用い、機械を用いて解いてもよい条件でトライアルをしてみたのですが、意外にも、機械翻訳は本番のテストでは使えないことが分かりました。

例えばスピーキングテストでは、ある程度の**即時性**が求められます。流れてくる英語の発話を理解するのに機械翻訳を用い、更に、自分の解答を日本語で考えたうえでそれを英語に訳して読み上げていては大幅な時間のロスです。英語の発話理解は何とか自力で行い、自分の解答を英語にすることだけに機械翻訳を用いたとしてもやはり時間はかかります。こういった光景は、私が大学生を対象にディベートの授業を行っている時にも目にしました。ノート PC を手元に置き、直ちに機械翻訳にアクセスできる環境があっても、PC に日本文を打ち込み、英語の出力を見て、一通り理解してから発話するという「**タイムラグ**」は、想像以上にコミュニケーションに不自然さをもたらすことが分かりました。少なくとも大学生たちはその「ぎこちなさ」に耐えられなくなり、機械翻訳を使うことをやめて自力で取り組む（取り組まざるを得ない）状況が頻発しました。

機械翻訳が使えないのは、実はリスニングの場合も同じでした。私たちは実験前、スピーキングにおける機械翻訳の経験から、**発信活動**（話す・書く）は機械翻訳には不向きで、**受信活動**（聞く・読む）では万能に機能するだろうと安易に考えていたのですが、案外そうではありませんでした。というのも、これは TOEFL が目的とする英語能力のレベルや場面という（大抵の日本人にとっては高度な）条件による影響が大きいことは確かですが、それでも多くのリスニングの問題は、単なる事実や単語の知識を問うようなものばかりではありません。例えば文脈や状況から、どういった解答が infer できる（引き出せる、推察できる）かを問うたり、メタレベルで何らかの判断を行うことが求められたりします。つまり、仮にすべて日本語で問われたとしても、表面的な言語の語彙的意味だけを理解したところで解答はできないわけです。ましてや、先のスピーキングと同じく、機械翻訳の使用にはタイムラグが発生しますし、訳出に誤用や曖昧さも発生します。それらに気を取られていては肝心な問題が解けなくなります。ぐずぐずしていたら次の問題が始まってしまうという時間的制約もあり、機械翻訳を使ってよい状況でも、あえて使わない（使っている暇がない）場合がこちらも散見されました。

リーディングにおいては、TOEFL はオンライン版で受験する場合、ブラウザ全体に制約がかかり、コピー & ペーストができないようになっています。したがって機械翻訳を使うにも、パッセージをいちいち打ち込まなければなりません。機械翻訳を一部の単語や表現を調べたりするのには重宝するにしても、すべての英文を打ち込むことは現実的ではなく、こちらもそれほど「使えない」となってしまいました。ただしリーディングの場合、これはTOEFLだからそうであって、それ以外の多くのシーンではコピー＆ペーストは容易にできます。更に翻訳エンジンや課金の有無によっては、ファイルのまま翻訳にかけることが可能なため、日本語で大意を把握するうえでは明らかに重宝します。すでにビジネスの現場では、インフォーマルな社内コミュニケーションのレベル、つまり、対外的で正式な場合を除いては、DeepLをかけたものをそのまま使って文書の理解を行うグローバル企業なども少なくないと聞きます。ラムスデン（2022）は、**翻訳業界**に限らず、社会の**グローバル化**に伴い機械翻訳を導入し、大幅に**業務効率**を改善した企業の例が多く報告されている（坂西・山田，2020［42］；井口，2020［43］）と指摘しています。

また、ここまで述べてきた「タイムラグ」や「コピー＆ペースト」の事象も、単に過渡的な状態であるだけの可能性があります。今後は、わざわざPCに打ち込まずとも、自動的に音声をPCが拾い、更にそれを機械翻訳したものを（ほぼ）リアルタイムで表示する技術は精度を増していくでしょう。直接コピー＆ペーストができない英文も、スマートフォンなどの読み取り技術とスムーズに連携することで容易に入力が可能になる日もそう遠くないでしょう。現在進行形の技術ゆえ、情報は常にアップデートされ、状況の改善は進んでいくと思います。ただしやはり、「現在のところ」という条件はつきますが、スピーキング、リスニング、リーディングの各スキルにおいて、どうやら機械翻訳ですべてが解決するわけではないようです。ある程度のところは自力で、つまり個々人の英語の基礎力をフル活用せざるを得ない状況はまだまだ多く、完全に機械翻訳に依存できるわけではないことが分かります。

ところが、ライティングだけは事情が異なります。テスト的な環境であるなしにかかわらず、通常、ライティングは**非同期**的な活動です。つまり、スピーキングやリスニングのような即時性を求められることは稀で、ある程度自分のペースで、じっくり取り組むことができます。少なくとも多少のタイムラグは、機械翻訳のあるなしにかかわらず当たり前のことですので問題になりません。そして、今時「手書き」というのは、一部の英語テストや文書への記入等を除いてまず考えられませんので、PCやスマートフォンというデジタル機器での入力となります。するとどうでしょう、機械翻訳のインターネットサイトを画面上で開いて英語にしたい日本文を入力し、機械に英文を訳出させそれをコピー＆ペーストする、こうしたことがいとも簡単に実行可能です。早い話が、これまで多くの時間をかけて、苦労しながら産出していた英語を書くという作業が、何の労力もなく一瞬で終わってしまうのです。

2.5 死活問題としてのライティング

先に述べたとおり、機械翻訳が産出する英文は、母語話者が書いた膨大な量の英文をデータベースとしており、理論的に英語として間違った英文を出してくることはありません。実際、私たちが行った実験でも、ETS の製品である **Criterion**（https://criterion.ets.org/）というライティング評価・支援ソフトウェアを使って検証したところ、機械翻訳をかけた英文では、文法や語法のエラー（例えば、主語と動詞の不一致、スペルミス、冠詞の誤り、ラン・オン・センテンス[6]、前置詞の誤り、否定形の誤り、比較形の誤り、代名詞の誤り等）が検出されることはほとんどありませんでした。一方、被験者が自力で英文を書いたグループでは、高い英語力を持った者であっても、やはり何点かはエラーが検出され、修正の指示が出ました。機械翻訳を使うことで、こうした「正しい」英文を一瞬で書き出すことができるならば、それを学習者が知ったらどう思うでしょう。

もちろん学校や外部のテストで機械翻訳が許可されることは当面ないでしょうが、むしろそれは特殊な場面です。例えば海外旅行や留学、そうでなくとも、普段の宿題などでも実は自由に機械翻訳を使用することができます。（たとえ教師が禁止したとしても、私たちは自由社会に生きていますから、教室外の学習者の行動を決定的に制約することはできません）たとえ自分で書ける力をつけることは大切だと分かっていても、片や自分の能力では逆立しても書けない英文を書いてくれる機械翻訳を横目で見て、学習者が虚しさを感じたり、大きな魅力を感じたとしても決しておかしなことではありません。そういう私自身、初めて DeepL に接した時は驚きとともに感動すら覚えましたし、私は仕事の中でかなり積極的に取り入れています。つまり勉強などの場合を除いて、機械翻訳をあえて使わずに仕事の生産性や、日常の効率性を落とすことは合理的なことではありません。

6　ラン・オン・センテンスとは、2 つ以上の文が間違った句読点や、接続詞なしで続いている文のことを指します。

2.6　機械翻訳を前提とした新しいライティング論

ここからは完全に提案となります。今後ますます機械翻訳が普及し、いつの日か（そう遠くない日に）機械翻訳を前提としたライティング教育を行う日が来ると私は考えています。少なくとも、自力で書くライティング指導と並行する形で、機械翻訳を正しく使いこなす適切な指導が、今後ライティング教育に求められてくると思うわけです。はじめはコラム的な扱いで、小さなものかもしれませんが、いずれ機械翻訳を指導する割合が確実に増えていくと思います。社会のニーズに合わせて、ライティング教育が変化していくことは健全であり、むしろそうあるべきだと思っています。ただし、この変化はかなり根本的なものであり、教える立場である教師たちにとってまったく新しい分野であることは確かで、その点について、これまで本章で論じてきたつもりです。

繰り返しますが、こうしたテクノロジーをフルに活用したライティング教育を行うには、やはりある程度の基礎力を前提としますから、実際、こうした教育が導入されていくのは、大学レベル→高校レベル→中学レベルと、基礎力の習得具合に応じて優先順位は異なると思います。ですから、まずは大学で適切な機械翻訳のライティング教育が十分に確立され、それを徐々に取り入れることで、高校、中学と普及していくのを待つのも 1 つのあり方だと思います。しかし一方で、大学生に用いる教育手法がそのまま高校生や中学生に当てはまるとは思えず、やはり現場の事情をよく理解したそれぞれの教師たちによって、新たな機械翻訳との共存が模索されるべきです。

なぜ私が機械翻訳との共存に拘るのか、それは、先に述べたとおり、機械翻訳が個々人の英語力を凌駕した能力を発揮する、まさにその点にあります。つまり、私たちは、機械翻訳を（うまく）用いることによって、本来、自分の英語力ではとても及ばないような高度な英語コミュニケーションが可能になります。そうした高度な場にデビューすることが許されるわけです。CEFR の基準でいう A2 程度だった生徒が、B1 や B2 のレベルの会話や交渉、ディスカッションに参画できるわけです。つまり、現在の自分の英語力ではどう考えても対応できない領域に、積極的に足を踏み入れ、そこでなされるコミュニケーションの実態を経験できるわけです。これは間違いなく、生徒のモチベーションにはポジティブな影響をもたらすでしょうし、開眼的な、「楽しい」ものであるはずです。

というのも、例えば巷でよく引用される、日本人の TOEFL のスコアが世界的に見て低く、アジアでは最下層だという実態ですが、日本で通常の英語教育を受けている限り、TOEFL にはなかなか対応できないと思います。誤解のないよう申しておきますが、それは日本人の英語力が低いからなのではなく、それだけ高いレベルの英語力をつけられる英語教育を行っていないからです。では英語教育(教え方)が悪いのかというと、大学英語教育に長年携わってきた私の経験を振り返っても、決してそうとは思いません。教育は基礎を積んでいくものですから、現状の、大多数の生徒や大学生の英語力を考える限り、その標準的なところにフォーカスすることは妥当なことです。高校でも大学でも、一部の数名程度のために別途高度な英語教育を行うクラスを立ち上げることは、教員リソースの観点からも限界があります。

小池・寺内他 (2010) [44] や寺内 (2015) [45] による大規模調査が示したことは、大部分の日本のビジネスパーソンが保持する英語力は CEFR でいうところの B1 レベルにとどまるものであり、一方で、グローバルなビジネスや交渉に必要とされる能力は B2 以上であり、ここに「B1 の壁」ともいえる現象が存在しているということでした。実際、日本の多くの大学で、大学生がおおよそクリアしてくるレベルは CEFR の B1 レベルで、B2 を目指した教育をしたとしても、実際の能力は B1 以下が大多数で、これは複数の大学での英語教育の経験を持つ私の実感とも合っています。TOEFL や **IELTS** で高得点を上げるには B1 レベルの訓練では不十分で、B2、そして C1 程度を見据えた高度な教育が不可欠となります。しかし、こうした教育を大多数の大学生や、ましてや高校生に施すことは現実的ではなく、実際に日本の高校レベルや大学レベルでは、B1 の能力を持っていれば「十分 (御の字)」だという事実もあります。

くどくどと書きましたが、要は日本人の多くにとって TOEFL は難しすぎるわけです。巷には「**TOEIC** 満点保持者」、「TOEIC 900 点以上」などと自慢げに称する講師のプロフィールが散見されますが、一方で、「TOEFL ○○点取得」を標榜するデータを探すとその数は激減します。話は単純で、私自身も含め、TOEFL-iBT で 90 点以上、ましてや 100 点以上を取ることは至難の技で、満点など以ての外です。要するに TOEFL や IELTS は難しく、なかなか日本人にとって歯が立たないため敬遠されてしまうわけです。

難しいから挑戦しないということは、英語学習にとっては完全な悪循環です。言葉ですから実際に使用する経験が不可欠になるわけで、それはテストとて同じです。あまりにも自分の実力からは程遠いからといってモチベーションをなくし、挑戦や経験を避け続ける限り、未来永劫そのレベルの英語力は獲得できないでしょう。こうした時に、機械翻訳という「超」強力な武器を手にし、それに全面的に助けられることで、究極的に目標としたい英語力を一時的に保持し、その力を使ってみる経験は、英語学習に対するこれまでになかった「希望」を学習者に与え、新しい形でのモチベーションの付与につながるでしょう。これまでCEFRのB2やC1という遠すぎる道のりを前に、途中で諦めてしまっていた多くの日本人が、再び高度な英語能力の獲得に興味を持ち､改めて挑戦し直すことに貢献できる可能性があります。

もちろん、正式なテスト等において、機械翻訳をはじめとしたテクノロジーの利用が認められる日は相当先でしょう。テストでは当然のことながら、機械翻訳の性能をテストしたいわけではなく、個々人が持つ潜在・顕在の英語力を測定、評価するのが目的ですから､機械翻訳の使用を禁止することも十分理解できるところです。一方で、日常生活やビジネスでのやり取り、**プレゼンテーション、会議、ディベート**など、これらのコミュニケーションにおいては、テクノロジー使用に対するハードルは低く、極端な話、今でもフルに使ってかまわないでしょうし、実際に使われていると思います。教育現場がそのちょうど中間に位置し、意義や可能性を感じつつも、それをどうやって教育の現場に持ってきてよいか分からないといったところでしょうか[7]。前述したとおり、機械翻訳のあるなしで教育の内容が根本的、質的に異なってしまうため、部分的であれ教育現場では導入がしにくいという現状があるように思います。

2.7　機械翻訳を用いたライティング指導の4つの観点

そこで本章では、まだだいぶ先にはなるでしょうが、機械翻訳を大幅に取り入れた、未来のライティング教育を先取りし、その方針について議論してみたいと思います。すべてが架空の提案にはなりますが、私たち著者はこれを真剣に考えています。現時点では大学生を中心とした英語教育を考えていますが、高校に対する活用法も高校の先生方と一緒に開発できたらと考えており、共同開発、共同研究を望むところです。ご興味、ご関心があればいつでも私共に連絡を下さい。

さて､機械翻訳を使ったライティング指導を考えた時､これまでの議論を踏まえ､考慮するべき論点は大きく2つあると考えてよいでしょう。次のAとBです。

7　ラムズデン（2022）によると、2019年の「MTと外国語教育について考える研究」プロジェクトの発足後、2021年にオンライン座談会が開催され、そこで発表された「日本の大学における教養英語教育と機械翻訳に関する予備的調査」（山田・ラングリッツ et al, 2021［48］）において、英語学習のために授業で機械翻訳を活用したいと答えた教員が57%もいたことが報告されています。こうしたデータをもとにラムズデンは、「つまり、MT（機械翻訳）の外国語教育への活用には関心を示しながらも、どうポリシーを決めてよいのかわからない教員が多いのが現状のようである」とまとめています。

A. 機械翻訳は常に完璧な訳を提供するわけではなく、間違えたり誤訳をする可能性があるため、それらを「防ぐような」スキルを身につけること。

B. 機械翻訳と、それを使う個人の英語力の差をできるだけ「埋められる」努力する（教育を提供する）こと。

Aに関しては、機械翻訳も間違い得ることをしっかりと理解することが重要です。少しインターネットを検索してみれば、機械翻訳が訳出した「**トンデモ訳**」が溢れています。**社内コミュニケーション**のような、ある程度インフォーマルなものなら結構でしょうが、対外的な文書や、広く市民や国民に知らしめるようなお知らせ、ましてや緊急速報などで、外国人向けに行った機械翻訳がトンデモ訳であったら場合よっては致命的です。また、私の経験の範囲ではありますが、同僚の大学の先生に聞いたところ、例えばサイエンス分野の高度な専門論文などでは正直役に立たないということでした。同じような話を、グローバル企業のリーガル（法務）部門に勤務されている人からも聞いたことがあります。つまり、いわゆる**プロフェッショナルな分野**において完璧に対応することは、機械翻訳はまだまだ苦手なようです。素人目には、慣れない英文が並んでいると、もうそれだけで「正しいもの」と思い込みがちですが、実際にはそうではないということを肝に銘じるべきです。

ただし、機械翻訳の仕組みを理解し、その弱点を補うような使い方をすれば、こうしたトンデモ訳は限りなく減らすことができます。英語教育はこうした分野に力を入れることで、現実的に役に立つスキルの涵養に資することができるでしょう。

Bについては、A以上に教育的な側面を持つものだと思います。個々人の英語力と機械翻訳のそれに大きな乖離があることを、本章では何度も述べてきました。機械翻訳を使うことで、身の丈以上の英語力を持った状態でコミュニケーションができるわけですが、当然、コミュニケーションはすべて予定調和で動くわけではありません。機械翻訳が様々な理由で使えなくなった場合、化けの皮が剥がれ、己の英語力がバレてしまうこともあるでしょう。典型的な場面としては、即時の応答や回答が求められ、機械翻訳をかけている暇のない場合（タイムラグを生じさせることが状況的にぎこちない場合）や、あるいは、機械翻訳が訳出した英語の単語や言い回しが難解すぎて読めなかったり、明らかに自分のものでないという印象を聞く側に与えてしまう場合などです。もちろんそれはある程度は仕方がないことですが、そのギャップを埋めるような教育を英語教育が施すことができれば、それも同様に学習者にとって役に立つものとなるはずです。これまでとはまったく異なった文脈で、「目標とする姿」が描かれ、それにできるだけ近づくような学習は、意外と学習者を熱中させるかもしれません。

このようにして、AとBについて、それを具体的な教育の観点に落としこんだものが、Aについては下記の1と2、Bについては下記の3と4になります。

1. **プリエディティング**ができる
2. **ポストエディティング**ができる
3. 産出した英文をできるだけ自分のものとして消化できる
4. 機械翻訳を使えない（使わない）場合との差をできるだけ埋めることができる

1と2については、機械翻訳ならではの新たなライティング教育分野です。まさにこれから開発が急がれるところですが、先に指摘した誤訳を生じさせないためにも、プリエディティングとポストエディテングの教育手法を確立させる必要があります。プリエディティングとは、機械翻訳にかける前に、そもそもの日本文に加工を加え、誤訳が生じないように作業を加えることを意味します。そして、ポストエディティングとで、機械翻訳が産出した英文をチェックし、訳におかしなところがないか様々なレベルで確認することです。

プリエディティングとポストエディティングという見慣れない専門用語が出てきましたが、それも無理はありません。これらは本来、通訳・**翻訳**の専門家や翻訳会社が、通常の仕事として、日頃の翻訳の際に行う作業です。分かりやすいところでいえば、ポストエディティングをどの程度の質で行ってほしいかによって、翻訳料金が大きく異なります。英文として違和感がない程度にただ訳すのと、細かなニュアンスやスタイルまで含め、プロフェッショナルなレベルで正確な翻訳を行うのでは決定的に異なるということは、誰でも容易に想像ができることだと思います。

いわゆるこれまでの「普通の」翻訳では、こうした作業は、言語のスペシャリストである翻訳者に任せておけばよかったわけですし、いわばそれが彼らの職業的な専門性であったわけです。ところが機械翻訳を用い、誰もが高いレベルの翻訳が出力できる可能性を手にするや否や、皮肉にも今度は一般の人に、翻訳の専門家に求められるような高いレベルの言語知識や、高度な言語分析の知識が求められるようになってきたわけです。少し具体的に見てみましょう。

プリエディティングについて、例えばみらい翻訳（2022）［46］は、次の10のテクニックを公開することで、機械翻訳の性能を劇的に高められるとし、プリエディティングの重要性を強調しています。

【初級編】テクニック1：不要な改行を削除する
【中級編】テクニック2：1文を短くする
【中級編】テクニック3：主語、述語、目的語を明確にする
【中級編】テクニック4：漢字とひらがなを使い分ける
【中級編】テクニック5：命令文（依頼文）では指示を明確にする
【中級編】テクニック6：二重否定を使わない
【中級編】テクニック7：時間軸の起点を明確にする
【上級編】テクニック8：修飾先を明確にする
【上級編】テクニック9：平易な表現を使う
【上級編】テクニック10：英語で表現したい文に日本語訳を考える

ポストエディティングについては、ラムズデン（2022）が自身の授業で扱った例を報告しています。その中で、多くの被験者にとって、MT（機械翻訳）の訳文がすべて合っているという先入観が抜けなかったこと、単語レベルではある程度のポストエディットができたとしても、構文や文章構成レベルでの修正はまず見られないという興味深い指摘がありました。また、山田・大西（2018）［47］の結論である、大学生にポストエディットの作業は難しいとされたことも踏まえ、「今回の授業実践はB1･B2レベルの学習者には難しいものであった」と結論付けています。ここには、機械翻訳を使いこなすうえで、英語の基礎力はおろか、翻訳家にとって必要な高度で専門的な訓練すら必要となる可能性すら垣間見えています。

3と4については、機械翻訳の性能と自身の英語力との乖離をできるだけ埋め、違和感をなくすための教育の必要性を述べるものです。簡単にいえば、3の「産出した英文をできるだけ自分のものとして消化できる」とは機械翻訳をモデルにして、それを習って身につけることであり、4の「機械翻訳を使えない（使わない）場合との差をできるだけ埋めることができる」とは、機械翻訳を用いることによる新たな学習モチベーションを活用し、基礎力の底上げを図る教育を意味します。これらはこれまでの英語教育ではまったく「ノーマーク」の領域でした。そして先に指摘した、翻訳家の業務が一般の素人にも必要となる点に関していえば、機械翻訳によって私たちが楽になり、英語の勉強から遠ざかることができるどころか、むしろこれ

まで以上に英語について深入りしなければならないことをも示唆しています。私自身、一英語教員として不安がないかといえば嘘になりますが、それでも未知の分野の出現に心底わくわくしています。

3　おわりに

本章は、テクノロジーと未来のライティング教育の「共生」について、主に機械翻訳を例に取り上げました。一方的な提案になってしまわないよう、その意義や文脈について丁寧に順序立てて論じたつもりですが、いかがだったでしょうか。本章では紙面の関係で取り上げられませんでしたが、機械翻訳以外のテクノロジー、例えばライティングのサポートツールなども、ライティング教育を大いにサポートし、その姿をこれまでとは大きく変え得るものです。テクノロジーありきではなく、プラグマティックな、納得できる活用を考えたいものです。

すべての教員にとって、イデオロギーや価値観の対立はあるにせよ、おそらくこれだけは同意できると思われる点の1つに、「あの先生に教えてもらったことが、今でも役に立っている」と思ってもらえるような英語教育を展開したいということがあると思います。つまり、単なるテクニックや入試対策のような小手先の英語力ではなく、本物の英語力を身につけさせたいという点です。テクノロジーがもたらす示唆は、そうした英語力もある程度は変わり得ること、そして機械の性能が高まれば高まるほど、ますます人間の方に高度な英語力が求められるということです。繰り返しますが、こうしたテクノロジーとライティング教育の分野は、現在進行形の、まったく新しい領域です。是非、本書を手にとってくださった皆さんと、一緒に新たな実践と研究を行いたいと、本気で思っています。

索引

引用文献

[1] 山岡憲史 . (2019 年 8 月 5 日).『論理的思考力・探究心を育てるアカデミック・ライティング—言語の枠を超えた「書く」指導のあり方』2019 年度第一回教学フォーラム . 立命館大学 .

[2] 山下美朋・長倉若 . (2021 年 8 月 7 日).『高等学校における英語ライティング指導の実態調査—学校では何が教えられているか？—』全国英語教育学会第 46 回長野研究大会（オンライン開催）.

[3] 山下美朋・藤岡真由美・山中司 . (2021). 高大連携英語ライティング指導—PBL とプロセス・ライティングを通じた教師と生徒の学び—, JAAL in JACET Proceedings VoL. 4, p. 78-85.

[4] 文部科学省 . (2022).「第 1 章　我が国の研究力の現状と課題　第 1 節　論文指標」『令和 4 年版科学技術・イノベーション白書』, p.7-13
https://www.mext.go.jp/content/20220608-mxt_kouhou02-000023228_2.pdf

[5] Krashen, S. D. (1982). *Principles and practice in second language acquisition*. New York: Pergamon Press.

[6] Swain, M. (1985). Communicative competence: Some rules of comprehensible input and comprehensible output in its development. In S. Gass, & C. Madden (Eds.), *Input in second language acquisition* (pp. 235-253). Rowley, MA: Newbury House.

[7] Feez, S. (1998). *Text-Based Syllabus Design*. Sydney: MacQuarie University.

[8] Swales, J. (2012). *Academic writing for graduate students: Essential tasks and skills*. Michigan University Press.

[9] 文部科学省 . (2018).『高等学校学習指導要領（平成 30 年告示）解説 外国語編 英語編』
https://www.mext.go.jp/content/1407073_09_1_2.pdf

[10] Vygotsky, L. S. (1978). *Mind in society: The development of higher psychological processes*. Massachusetts: Harvard University Press.

[11] Hyland, K. (2019). *Second language writing (2nd ed.)*. Cambridge: Cambridge University Press.

[12] Ferris, D. R. (2011). *Treatment of error in second language student writing*. Ann Arbor: University of Michigan.

[13] 渡辺哲司・島田康行 . (2017).『ライティングの高大接続　高校・大学で「書くこと」を教える人たちへ』. ひつじ書房 .

[14] Halliday, M. A. K., & Hasan, R. (1976). *Cohesion in English*. English Language Series, London: Longman.

[15] 山岡憲史他 . (2018). *Departure English Expression II Revised*. 大修館書店 .

[16] Raimes, A. (1983). *Techniques in teaching writing*. New York: Oxford University Press.

[17] 望月昭彦編著 . (2018).『新学習指導要領にもとづく英語科教育法　第 3 版』. 大修館書店

[18] 山岡憲史 . (2003). *Reading Paper Athlete Vol.2*. 美誠社 .

[19] 山岡憲史他 . (2017). *Departure English Expression I Revised*. 大修館書店 .

[20] 稲葉みどり . (2011).「日本語のプロセスライティングにおける効果的なフィードバックー奨学金応募エッセイの作成を通じてー」愛知教育大学教育創造開発機構紀要 Vol.1
https://core.ac.uk/download/pdf/147575438.pdf

[21] 霜崎實他 . (2022). *CROWN English Communication I*. 三省堂 .

[22] 田邉祐司他 . (2022). *Genius English Logic and Expression I*. 大修館書店 .

[23]「旺文社過去問題一覧」大学受験パスナビ　https://passnavi.evidus.com/

[24] NTT ドコモ　モバイル社会研究所. 「子どものスマホ所有率上昇　小学生でキッズケータイ所有を上回るのは調査開始以来初」「図 2. 小中学生　携帯電話所有状況　男女別 (n=500)」. 2022 年 2 月 28 日
https://www.moba-ken.jp/project/children/kodomo20220228.html
[25] NTT ドコモ　モバイル社会研究所. 「子どものスマホ所有率上昇　小学生でキッズケータイ所有を上回るのは調査開始以来初」「図 3. 子どもにスマホを持たせる理由」. 2022 年 2 月 28 日
https://www.moba-ken.jp/project/children/kodomo20220228.html
[26] 東京都青少年・治安対策本部. 「家庭等における青少年の携帯電話・スマートフォン等の利用等に関する調査結果 報告書（概要版）」. 平成 30 年 4 月　をもとに作成
https://www.tomin-anzen.metro.tokyo.lg.jp/chian/tyosa-keikaku/sumaho-tyosa/pdf/29gaiyou.pdf
[27] 野村恵造他 . (2021). *Vision Quest English Logic and Expression I (Standard)*. 啓林館 .
[28] 「ディベートの紹介」. 日本ディベート協会ホームページ
https://japan-debate-association.org/debate/academic-debate
[29] 白畑知彦他 . (2019).『英語教育用語辞典 第 3 版』. 大修館書店 .
[30] Hyland, K. & Hyland, F. (2008). *Feedback in second language writing*. Cambridge University Press.
[31] Hyland, K. (2022). *Teaching and researching writing, 4rth ed*. Routledge.
[32] Casanave,E. (2020). *Controversies in second language writing: Dilemmas and decisions in research and instruction, 2nd Ed.*, University of Michigan Press.
[33] Ferris, D, R. & Hedgecock, S. (2014). *Teaching L2 composition, 3rd Ed.*, Routledge.
[34] Crusan D. & Matsuda, P. (2018). *Classroom writing assessment*. TESOL encyclopedia of English language teaching (pp.2293-2299). John Wiley & Sons.
[35] Crusan D. (2010). *Assessment in the second language writing classroom*. University of Michigan Press.
[36] 馬場 千秋 . (2008).「日本人英語学習者のライティング能力―英作文と日本語作文の関係」『日英の言語・文化・教育―多用な視座を求めて』, pp.307-317. 三修社 .
[37] 平林健治 . (2016).「CEFR-J A2 レベルの自由英作文のルーブリックに関する研究」『日本教科教育学会誌』39(2) 61-70.
[38] 藤居真路 . (2020).「EFL ライティングにおける、授業目標とルーブリック評価、学習者の認知との関係」『中国地区英語教育学会誌』No.50. 103-115.
[39] みらい翻訳. (2019).「機械翻訳サービスの和文英訳がプロ翻訳者レベルに、英文和訳は TOEIC 960 点レベルを達成」.
https://miraitranslate.com/uploads/2019/04/MiraiTranslate_JaEn_pressrelease_20190417.pdf
[40] ラムズデン多夏子. (2022).「with MT（機械翻訳）時代」の外国語教育」SELL(38), 53-38. 京都外国語大学英米語学科
[41] Carol A. Chapelle (Editor), Shannon Sauro (Editor). (2017). *The Handbook of Technology and Second Language Teaching and Learning*. Wiley Blackwell.
[42] 坂西優・山田優 . (2020).『自動翻訳大全』. 三才ブックス .
[43] 井口景子 . (2020).「AI 翻訳で英語学習法はこう変わる」『ニューズウィーク日本版』. 2020 年 3 月 3 日号 18-23.
[44] 小池生夫・寺内一他 . (2010).『企業が求める英語力』. 朝日出版社 .
[45] 寺内一・内藤永他 . (2015).『ビジネスミーティング英語力』. 朝日出版社 .

[46] みらい翻訳 . (2022).「AI 自動翻訳の訳出精度が劇的に向上する「10 のテクニック」とは . https://wp.techtarget.itmedia.co.jp/contents/64904

[47] 山田優・大西菜奈美 . (2018).「それでも学生はポストエディターになれるのか？ニューラル機械翻訳（Google NMT）を用いたポストエディットの検証」『言語処理学会 第 24 回年次大会発表論文集』738-741.

[48] 山田優・ラングリッツ久佳・小田登志子・守田智裕・田村颯登・平岡裕資・入江敏子 . (2021).「日本の大学における教養英語教育と機械翻訳に関する予備的調査」『通訳翻訳研究への招待』（23）139-156.

おわりに

本書は、各々の執筆者が良かれと思い行ってきたことや、それぞれのライティング指導に対する熱い思いが込められた内容になっています。もしかすると超高校級レベルの指導になっているかもしれません。執筆者の色が濃く出ている箇所もあるかもしれません。しかし、数行のセンテンスからパラグラフ、そしてエッセイへと段階的に指導すればいつかきっと生徒たちは書くことに慣れ、楽しんでもらえる、そう信じています。本書の指導に基づいたタスクを三修社ホームページに載せています。ぜひご覧ください。そしてぜひご自分の生徒、学生にあった形で改良して使ってみてください。本書や付録のタスクを用いて指導をなさった先生方には、ライティング指導の大きな渦を広げてほしいと思っています。実践してみて良かった指導、苦労した指導などを共有していただければ幸いです。英語で書くことを楽しいと思ってくれる生徒、学生が増えることを願っています。

本書は多くの方々のご協力のもとにできました。実践研究にご協力いただいた高等学校の先生方、またサンプル・パラグラフやエッセイのもととなる作文を提供してくれた生徒、学生の皆さん、隅々まで校正に手をいれてくださった渡辺祥子さん、ジョニー・バーンズさんにこの場を借りて御礼申し上げます。

最後に、本書を作成するにあたって予定通りの出版に至るまで細かい点まで協力いただいた三修社編集部の皆様に感謝申し上げます。

編者　山下美朋

著者紹介（50 音順）

河野 円　KAWANO Madoka

明治大学総合数理学部教授。University of British Columbia、MA（第 2 言語教授法）。専門はバイリンガリズム、EAP、ESP。特に複数言語習得と思考力の発達に興味を持つ。2019 年度ハワイ大学大学院にて客員研究員として L2 Writing 指導法を研究。共著に、『日本のバイリンガル教育』（三修社）、『薬学英語入門』（東京化学同人）がある。

▶ 第 2 部 1 章、Expository Writing-Listing、4 章

長倉 若　NAGAKURA Wakasa

コロンビア大学ティーチャーズ・カレッジ、教育政策研究所上席研究員。コロンビア大学博士課程卒業（認知教育心理学）。専門は、学習心理、教師教育・開発、教育実践効果検証。英語ライティングと思考力の発達を研究。英語教員のためのサイト「eigowriting.com」を主催。

▶ 第 2 部 Descriptive Writing、Expository Writing-Compare and Contrasts

峰松愛子　MINEMATSU Aiko

上智大学言語教育研究センター講師。コロンビア大学ティーチャーズ・カレッジ TESOL（英語教授法）修士課程修了、ニューヨーク州立大学バッファロー校教育学部博士課程に在学中。専門は外国語（英語）教育と教師教育。特に多言語・多文化教育における教員養成に関心がある。

▶ 第 2 部 Expository Writing– Cause and Effect、Problem and Solution

山岡憲史　YAMAOKA Kenji

元立命館大学教育開発推進機構教授。専門は英語教育学、英語学。高等学校での英語指導の体験をもとに、中学校・高等学校における 4 技能伸長のための効果的な英語科教育法について研究。第 54 回読売教育賞外国語教育部門最優秀賞受賞。共著に『ジーニアス英和辞典第 2 版』『ニューセンチュリー和英辞典初版・第 2 版』文部科学省検定教科書『ディパーチャー英語表現 I・II』などがある。

▶ 第 1 部 3 章、4 章／第 2 部 3 章

山下美朋　YAMASHITA Miho

立命館大学生命科学部生命医科学科准教授。関西大学外国語教育学研究科修了。博士（外国語教育学）。専門は、外国語（英語）教育、第二言語ライティング、対照修辞学研究など。近年は、ライティングにおける質的研究に関心が高い。共著に、『理系 国際学会のためのビギナーズガイド』（裳華房）、『中・上級英語ライティング指導ガイド』（大修館書店）がある。

▶ 第 1 部 1 章、2 章／第 2 部 Narrative Writing、Expository Writing-Compare and Contrasts、Opinion Writing、Argumentative Writing

山中 司　YAMANAKA Tsukasa

立命館大学教授。慶應義塾大学大学院博士課程終了。博士（政策・メディア）。専門は言語コミュニケーション論、英語教育政策・教授法、言語哲学（プラグマティズム）。主な著書に『プロジェクト発信型英語プログラム—自分軸を鍛える「教えない」教育—』（共著・北大路書房）、『外交的英対話学習法—国際社会で活躍するための必須英対話・用語用例集—』（共著・南雲堂）などがある。

▶ 補章

英《えい》語《ご》ライティングの指《し》導《どう》
—基《き》礎《そ》からエッセイライティングへのステップ—

2023年3月30日　第1刷発行

編著者　山下美朋
著　者　河野 円・長倉 若・峰松愛子・山岡憲史・山中 司
発行者　前田俊秀
発行所　株式会社 三修社
〒150-0001 東京都渋谷区神宮前 2-2-22
TEL03-3405-4511
FAX03-3405-4522
振替 00190-9-72758
https://www.sanshusha.co.jp
編集担当　伊藤宏実・三井るり子
カバーデザイン　小島トシノブ（NONDesign）
D T P　伊藤宏実
印刷・製本　日経印刷株式会社

ISBN978-4-384-06058-4 C1082